Deutsche Baukunst
G O T I K

Ernst Ullmann

GOTIK

Deutsche Baukunst
1200–1550

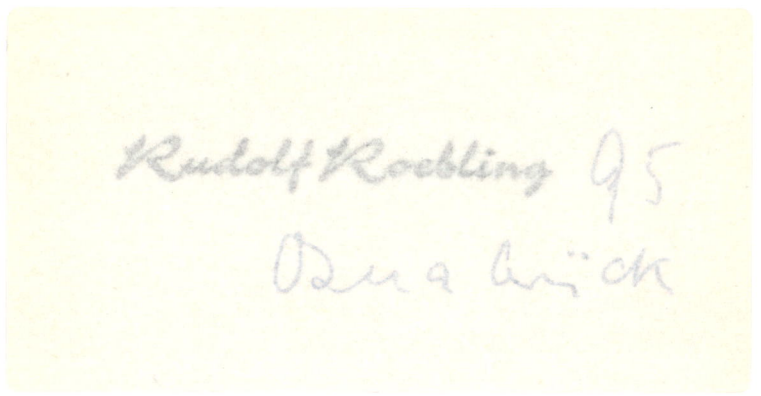

E. A. Seemann Leipzig

Abbildung auf dem Umschlagtitel:
Magdeburger Dom,
Das Portal an der Westseite

Die Deutsche Bibliothek – CIP-Einheitsaufnahme
Gotik: deutsche Baukunst 1200–1550 / Ernst Ullmann.
1. Aufl. – Leipzig: Seemann, 1994
(Deutsche Baukunst)
NE: Ullmann, Ernst

ISBN 3-363-00626-8

© by E. A. Seemann Kunstverlagsgesellschaft mbH,
Leipzig 1994

Inhaltsverzeichnis

		Seite	
Gotik – ein Stilbegriff		7	
Die Gotik in Frankreich		16	
Die Gotik in Deutschland		33	Das Eindringen der französischen Gotik
		49	Die reife Zeit der Dome
		75	Die deutsche Reduktionsgotik
		82	Die deutsche Spätgotik
Die Bauaufgaben der Profanarchitektur		117	Burg und Schloß
		122	Stadt und Stadtbefestigung
		125	Rathaus und Bürgerhaus
Bauhütte und Zunft		133	
Anhang		138	Zeittafel
		141	Literaturhinweise
		143	Ortsregister
		143	Abbildungsnachweis
Übersichtskarte		32	

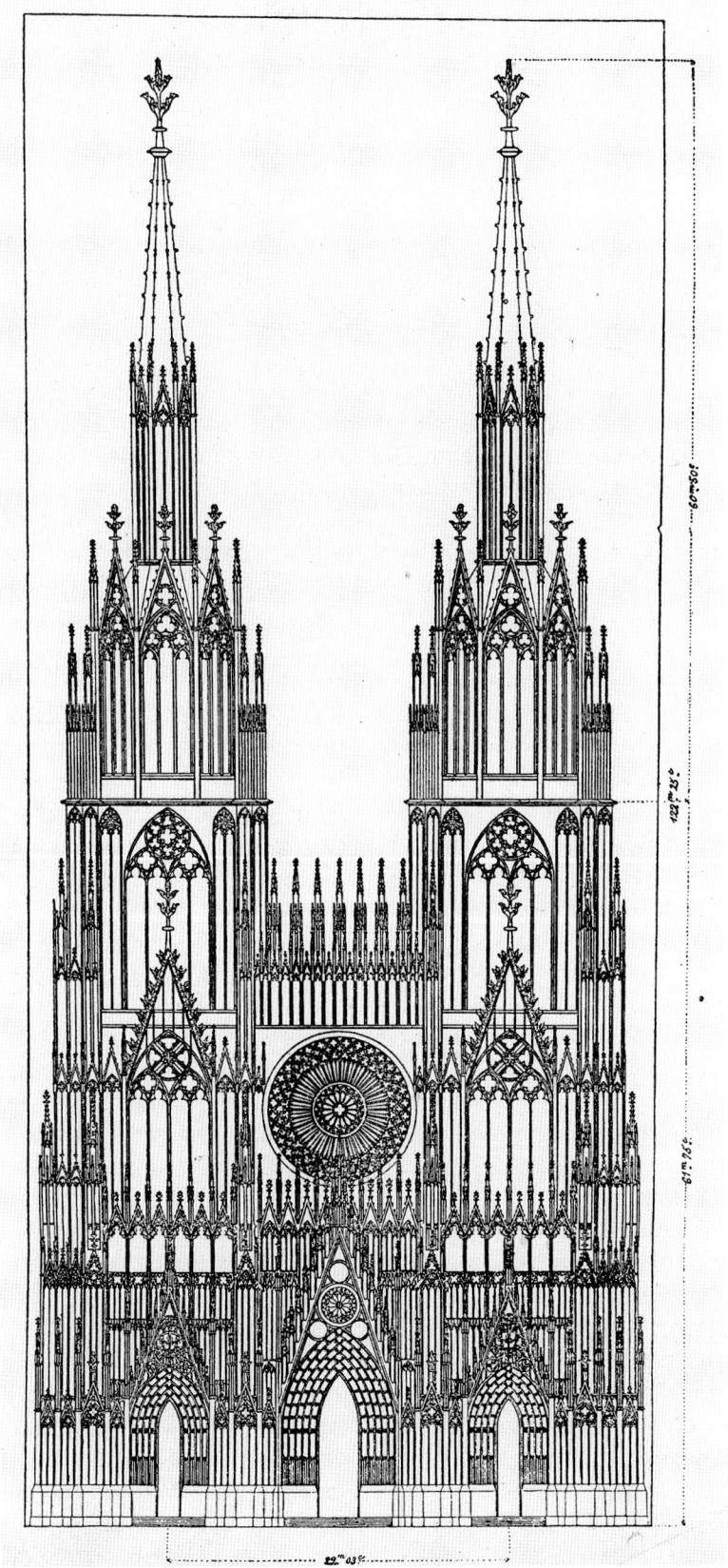

Straßburg, Münster

*Sogenannter Riß B.
Um 1270 nach Erwin
Steinbach (gest. 1318)
(Umzeichnung und
Ergänzung nach
Dehio/v. Bezold 1901).*

Gotik – ein Stilbegriff

Unsere Städte sind Riesen geworden. Im Wachstum der letzten zweihundert Jahre haben sie den Ring mittelalterlicher Mauern gesprengt. Die Maßstäbe sind nun andere, als sie die Zeiten der Minnesänger und Meistersinger kannten. Kathedralen, einst wie Felsengebirge inmitten eng verschachtelter Häuser, scheinen kleiner geworden zu sein. Was ist unserem technischen Zeitalter schon ein Turm von 142 Metern Höhe, der doch durch vier Jahrhunderte der höchste der Christenheit war. Ihre Konstruktion lebt nach im modernen Hochhausbau, und ihre Formen können wir nachbilden, haben es auch schon getan. Doch der Versuch, ihr steinernes Gewand unserer Zeit überzustreifen, würde zur Maskerade, denn sie sind Denkmäler vergangener Tage. Trotzdem sind diese steinernen Zeugen der Vergangenheit nicht stumm. Die Begegnung mit ihnen beeindruckt, noch immer wirken sie bildend auf uns ein. Ihre Bedeutung, ihre Aussage erschließt sich dem, der sich mit Wissen gerüstet ernsthaft um sie bemüht.

Gotik und Renaissance

Wir verstehen unter Gotik die zweite große Stilperiode der mittelalterlichen Kunst, zeitlich wird sie von Romanik und Renaissance begrenzt. In der Mitte des 12. Jahrhunderts entstand sie in Frankreich, am Ende des Jahrhunderts drang sie nach England, und seit dem zweiten Viertel des 13. Jahrhunderts bestimmte sie die Baukunst in Deutschland. In diesen Ländern herrschte sie bis in die Zeit um 1500. In Italien, wo sie nie jene Bedeutung erlangte wie nördlich der Alpen, faßte sie zur gleichen Zeit wie in Deutschland Fuß, wich aber bereits zu Beginn des 15. Jahrhunderts der Renaissance.

Nicht immer erfreute sich die gotische Baukunst gleicher Anerkennung.

Ausgehend vom Florenz des frühen 15. Jahrhunderts, hatte sich allgemein die Auffassung durchgesetzt, daß dem goldenen Zeitalter der Antike mit ihrer guten Kunst ein kunstloses, barbarisches Mittelalter gefolgt sei. Leone Battista Alberti sprach im achten seiner »Zehn Bücher über Architektur« um 1450 von jener »Zeit vor zweihundert Jahren, da die Turmbaukrankheit herrschte und ein solcher religiöser Wahn, daß die Menschen bloß zum Errichten von Kirchen auf die Welt gekommen zu sein schienen…« Und Georgio Vasari berichtet in seinen »Lebensbeschreibungen der ausgezeichnetsten italienischen Baumeister, Maler und Bildhauer« von dieser Zeit: »Alle jene schönen Manieren und Künste waren … erloschen, und man kannte nur die, welche die Goten … gebracht hatten.« Auch als der Geschichtsirrtum erkannt war, blieb der Name »Gotik« und behielt seinen abwertenden Beigeschmack. Je mehr das Erbe der Antike erschlossen wurde, zunächst in Italien, bald aber auch im Norden, und man sich als Nachfahre der Griechen und Römer fühlte, um so verständnisloser und ablehnender stand man der Gotik und ihren Kathedralen gegenüber. Noch der junge Goethe war voller Vorurteile, wie er in seinem Hymnus auf Erwin von Steinbach und das Straßburger Münster »Von deutscher Baukunst« bekannte: »Als ich das erste Mal nach dem Münster ging, hatte ich den Kopf voll allgemeiner Erkenntnis guten Geschmacks.« Es waren dies jene ästhetischen Formen des Klassizismus, wie sie Johann Joachim Winckelmann in seinen »Gedanken über die Nachahmung der griechischen Werke in der Malerei und Bildhauerkunst« 1755 niedergelegt hatte und die Adam Friedrich Oeser dem jungen Goethe während seines Leipziger

Goethe und das Straßburger Münster

Aufenthaltes vermittelte. »Auf Hörensagen ehrt' ich die Harmonie der Massen, die Reinheit der Formen, war ein abgesagter Feind der verworrnen Willkürlichkeiten gotischer Verzierungen. Unter der Rubrik *Gotisch*, gleich dem Artikel eines Wörterbuches, häufte ich alle synonymische Mißverständnisse, die mir von Unbestimmtheiten, Ungeordnetem, Unnatürlichem, Zusammengestoppeltem, Aufgeflicktem, Überladenem jemals durch den Kopf gezogen waren. Nicht gescheiter als ein Volk, daß die ganze fremde Welt barbarisch nennt, hieß alles Gotisch, was nicht in mein System paßte, ... bis zu den ernsten Resten der älteren deutschen Baukunst, über die ich, auf Anlaß einiger abenteuerlicher Schnörkel, in den allgemeinen Gesang stimmte: ›Ganz von Zierat erdrückt!‹ und so graute mir's im Gehen vorm Anblick eines mißgeformten krausborstigen Ungeheuers.«

Dann aber, beim Anblick des Münsters, muß Goethe bekennen: »Wenigen ward es gegeben, einen Babelgedanken in der Seele zu erzeugen, ganz, groß und bis in den kleinsten Teil notwendig schön, wie Bäume Gottes; wenigern, auf tausend bietende Hände zu treffen, Felsengrund zu graben, steile Höhen darauf zu zaubern...« Und vom Werkmeister rühmt er: »Vor ihm mögen einzelne Menschen einzelne Teile bearbeitet haben. Er ist der erste, aus dessen Seele die Teile, in ein ewiges Ganzes zusammengewachsen, hervortreten.« Die Wirkung auf den Dichter bleibt nicht aus: »Ein ganzer, großer Eindruck füllte meine Seele, den, weil er aus tausend harmonierenden Einzelheiten bestand, ich wohl schmecken und genießen, keineswegs aber erkennen und erklären konnte.«

Romantik und Neugotik

Während sich der Neuklassizismus entwickelte, begann auch die Gotik Mode zu werden. Noch vor der Mitte des 18. Jahrhunderts hatte man in England begonnen, gotische Ruinen zu bauen. Das erste Beispiel aus dem Jahre 1746 steht im Park von Edgehill. Um 1751 wurde das Landhaus Strawberry Hill begonnen, das Sir Horace Walpole in neugotischem Stil für sich bauen ließ. Die Mittelalterbegeisterung und damit das Interesse an der Gotik wurde schließlich mächtig angeregt durch die Romane von Sir Walter Scott, besonders durch »Ivanhoe« (1820) und »Kenilworth« (1821). Sie bereiteten jene allgemeine Stimmung vor, die dann der Neugotik zum Siege verhalf. 1836 wurde der neugotische Entwurf von Sir Charles Barry für den Neubau des 1834 abgebrannten Parlamentsgebäudes in London angenommen, mit dem ein für ganz Europa vorbildlicher Bau entstand.

Potsdam, Nauener Tor

1755 nach einer Skizze Friedrichs II. von Johann Gottfried Büring.

Gotische Formen wurden auch in Deutschland bereits beim 1755 errichteten Nauener Tor in Potsdam benutzt. Hier war es zunächst Johann Gottfried Herder, der die Aufmerksamkeit nachdrücklich auf die Vergangenheit des eigenen und der anderen Völker lenkte: 1767 hatte er die »Fragmente zur deutschen Literatur« veröffentlicht, 1770 die »Abhandlung über den Ursprung der Sprache«, 1773 folgten »Über Ossian und die Lieder der alten Völker« und »Von deutscher Art und Kunst«.

Goethes Begeisterung für die gotische Baukunst hatte sich inzwischen nach seiner Italienreise in den Jahren 1786 bis 1788 abgekühlt. In einem Beitrag für Christoph Martin Wielands »Teutschen Merkur« schrieb er 1788: »Leider suchten alle nordischen Kirchenverzierer ihre Größe nur in der multiplizierten Kleinheit. Wenige verstanden, diesen kleinlichen Formen unter sich ein Verhältnis zu geben; und dadurch wurden solche Ungeheuer wie der Dom zu Mailand, wo man einen ganzen Marmorberg mit ungeheuren Kosten versetzt und in die elendsten Formen gezwungen hat...« Die intensive Beschäftigung mit den Denkmälern der Antike und den Werken der Renaissance hatten Goethe den Blick für die Werte gotischer Kunst verstellt. Und der Mailänder Dom mit seiner langen und komplizierten Baugeschichte war nicht geeignet, die Erinnerung an die Bauten der klassischen Hochgotik lebendig zu halten.

Aber der im November 1772 erschienene Aufsatz »Von deutscher Baukunst« war doch auf fruchtbaren Boden gefallen. Was er vorbereitet hatte, setzten später Männer wie die Brüder Boisserée fort. In der Romantik fand die Gotik begeisterte Aufnahme. Besonders während der Befreiungskriege gegen Napoleon verband sich das erwachende Nationalbewußtsein der Deutschen mit den Denkmälern gotischer Baukunst als Zeugen eigener ruhmreicher Vergangenheit. In den 1797 erschienenen »Herzensergießungen eines kunstliebenden Klosterbruders« schrieb Wilhelm Heinrich Wackenroder: »Nicht bloß unter italienischem Himmel, unter majestätischen Kuppeln und korinthischen Säulen – auch unter Spitzgewölben, krausverzierten Gebäuden und gotischen Türmen wächst wahre Kunst hervor.«
In den Jahren 1804 und 1805 verfaßte Friedrich Schlegel seine »Grundsätze der Gotischen Baukunst« und Karl Friedrich Schinkel, der Klassizist, der sich um die Restaurierung von Bauten der Backsteingotik verdient gemacht hatte, rühmte 1810 in der Gotik »die Macht des Geistes über die materielle Welt«.

Im gleichen Jahr war es zur Bekanntschaft Goethes mit den Brüdern Boisserée gekommen, die sich gemeinsam mit Johann Baptist Bertram um die Erforschung und Erhaltung der älteren rheinischen Architektur bemühten. Durch sie wurde erneut Goethes Interesse an altdeutscher Kunst geweckt. Gefördert wurde es durch die seit 1815 von dem Architekten Georg Möller

Karl Friedrich Schinkel

London, Houses of Parliament

Ab 1834 Charles Barry (1793–1860).

Gotik – ein Stilbegriff

Mailand, Dom

Gotisierende Fertigstellung und Überarbeitung der Fassade im 19./20 Jh.

Die Vollendung der Dome im 19. Jahrhundert

herausgegebenen »Denkmäler deutscher Baukunst«, die Goethe sehr anerkennend nennt. Als er Ende Juli 1815 mit dem preußischen Staatsmann Reichsfreiherr vom und zum Stein in Köln weilte, empfand er zwar eine gewisse Abneigung beim Anblick des riesenhaften Torsos des Doms in seiner Ruinenhaftigkeit, zeigte sich aber von der Architektur des Chores beeindruckt: »Da erstaunen wir fröhlich, da erschrecken wir freudig und fühlen unsere Sehnsucht mehr als erfüllt«, schrieb er 1823. Die Beschäftigung mit den Möllerschen Veröffentlichungen hatte ihn befähigt, im Begonnenen die zukünftige Vollendung zu sehen.

Den Bericht der Brüder Boisserée über die Wiederherstellungsarbeiten am Straßburger Münster und über die Pläne zur Erhaltung des Kölner Domes und der Baudenkmäler in Trier ließ Goethe 1816 mit einem kurzen Vorwort in seiner Zeitschrift »Über Kunst und Altertum« erscheinen. Als er 1823 noch einmal einen Aufsatz »Von deutscher Baukunst« veröffentlichte, würdigt er die Leistung der Gotik: »Mehrere Jahrhunderte ward sie zu kleineren und zu ungeheuren Gebäuden angewendet, der größte Teil Europas nahm sie auf; Tausende von Künstlern, Abertausende von Handwerkern übten sie; ... sie muß also etwas Großes, gründlich Gefühltes, Gedachtes, Durchgearbeitetes enthalten, Verhältnisse verbergen und an den Tag legen, deren Wirkung unwiderstehlich ist.« Und noch im hohen Alter bekannte er im Gespräch mit Johann Peter Eckermann am 11. März 1828: »Derjenige, der zuerst die Formen und Verhältnisse der altdeutschen Baukunst erfand, so daß im Laufe der Zeit ein Straßburger Münster und ein Kölner Dom möglich wurde, war auch ein Genie, denn seine Gedanken haben fortwährend produktive Kraft behalten...«

Die Bemühungen der Brüder Boisserée und ihrer Freunde hatten Erfolg. 1823, im gleichen Jahre, da das umfassende Tafelwerk über den Kölner Dom von Sulpiz Boisserée erschien, wurde mit den Wiederherstellungsarbeiten am Dom zu

Köln begonnen. 1840 konnte mit Unterstützung von König Friedrich Wilhelm IV. von Preußen der Kölner Dombauverein gegründet werden und 1842 die Grundsteinlegung zum Weiterbau erfolgen. Am 15. Oktober 1880 wurde der Dom, der inzwischen zu einer Art Nationaldenkmal geworden war, feierlich geweiht.

Das Vorbild der Vollendung des Kölner Domes wirkte auch auf andere Bauten, so den Dom zu Meißen und das Ulmer Münster, die nun zu Ende gebaut wurden. Ja, derartige Vollendungen erschienen nun geradezu als die ideale Aufgabe für zeitgenössische Baumeister. Sie waren von der Technik des Wölbens beeindruckt und sahen darin Vorläufer des modernen Ingenieurbaus. Die Dokumentationen und Vorbildsammlungen, die die historische Architektur des 19. Jahrhunderts erforderte, beschäftigten neben Architekten auch immer mehr Historiker.

Nachdem die Gotik wiederentdeckt war, nahm sich ihrer auch bald die junge Wissenschaft von der Kunstgeschichte an. In einem Aufsatz »Paris baugeschichtlich im Mittelalter« wies Friedrich Mertens im Jahre 1843 nach, daß das Herkunftsland der Gotik Frankreich war. Die Entstehung des Stils glaubte man mit der Entwicklung eines neuen Verfahrens zur Konstruktion der Gewölbe erklären zu können. Man sah in der Gotik zunächst nur die Lösung eines technischen Problems. So schrieb der Schinkel-Schüler Karl Bötticher in seiner »Tektonik der Hellenen« im Jahre 1843: »Man ist unstreitig von Bewunderung über die Leichtigkeit und Künstlichkeit der baulichen Mechanik durchdrungen, wenn man Beispiele sieht, wo die ganze Deckung des Raumes ... von einer einzigen dünnen Säulenstütze in der Höhe schwebend erhalten wird ... Aus diesem nur materiellen, nur aus

Köln, Dom

Mittelalterlicher Dom vor dem Weiterbau zwischen 1842–1880.

Gotik – ein Stilbegriff

Köln, Dom

Nach der Vollendung am Ende des 19. Jh.

statischen und mechanischen Verhältnissen notwendig folgenden Ergebnis haben Nichttechniker und romantische Enthusiasten die Wirkung eines dunklen Dranges jener Zeit zum Himmel aufzustreben herausgelesen...« Derartige Auffassungen haben bewirkt, daß man lange Zeit in der Geschichte der Gotik nur eine Geschichte ständig sich verbessernder technischer Lösungen der Wölbungen sah, und schon ihre Entstehung wurde mit der Erfindung des spitzbogigen Kreuzrippengewölbes erklärt. Vor allem die Autorität eines Viollet-le-Duc und eines Gottfried Semper dürften dafür verantwortlich sein, daß diese Vorstellungen noch bis zu Georg Dehio

Kunstgeschichte und Stilbegriff

hin wirksam waren. Dieser schrieb im zweiten Band der mit Georg von Bezold herausgegebenen »Kirchlichen Baukunst des Abendlandes« Stuttgart, 1901: »Diese drei sind also die Erzeuger der gotischen Konstruktion: die Kreuzrippen, der Spitzbogen, das Strebewerk. Die Reihenfolge, in der wir sie nennen, bedeutet zugleich ihre Rangordnung. Die Kreuzrippen sind das absolut Wesentliche; die spitze Form der Bögen und die Bogenform der Streben können abwesend gedacht werden.«

Gegen diese Theorie wandte sich Ernst Gall. Für ihn, der von den Überlegungen Alois Riegls zum »Kunstwollen« ausging, stand die künstlerische Form und ihre Entwicklung im Vordergrund, nicht die Konstruktion. Er vertrat, um es auf eine einfache Formel zu bringen, die Ansicht, daß nicht die Rippe den Stil, sondern der Stil die Rippe gemacht habe. Spätere Untersuchungen haben Gall unterstützt. In seinen Untersuchungen zu den Vorstufen der Gotik konnte Gall vor allem deren Wurzeln in der normannischen Baukunst und die Rolle der Ile de France als Entstehungsgebiet des neuen Stils nachweisen.

Neben der Normandie hat Burgund einen besonderen Beitrag zur Vorbereitung der Gotik geleistet – Kurt Bauch hat nachdrücklich auf die Rezeption mediterraner, antiker Formen aufmerksam gemacht: einen neuen Sinn für Plastizität gleichermaßen bei Bauformen wie Skulpturen, das Aufgreifen antiker Architektur- und Ornamentformen. Schließlich ist von Hans Sedlmayr betont worden, daß jede der französischen Kunstlandschaften der Romanik ihren Beitrag zur Ausbildung der Kathedrale geleistet hat. Um die Darstellung der Baugestalt der Kathedrale, ihre Deutung und ihre Einbeziehung in allgemeingeschichtliche und ideologiegeschichtliche Prozesse haben sich neben Hans Sedlmayr, Hans Jantzen, Erwin Panofsky, Paul Frankl und Otto von Simson verdient gemacht. Sie trugen neue Einsichten zu Struktur und Funktion gotischer Architektur, ihrer Verwurzelung in den geistigen Strömungen der Zeit, vor allem Scholastik und Mystik, und ihrer Wirkung auf die zeitgenössische und die spätere Literatur vor. In der deutschsprachigen Gotikliteratur haben in den letzten anderthalb Jahrzehnten Dieter Kimpel, Peter Kurmann, Hans-Joachim Kunst und Robert Sukale neue Gedanken zur Bauorganisation und Bauausführung, zu Datierung, Morphologie und Deutung zur Diskussion beigetragen.

Inzwischen weiß man, daß das Phänomen »Gotik« weder allein durch die Entwicklung der Bautechnik noch durch ethnische Faktoren, wobei immer wieder besonders das »nordische« Element betont wurde, zu erklären sind. Beide sind engstens verbunden mit sozialökonomischen Prozessen, die sich in Frankreich im 12. Jahrhundert vollzogen und vielfältige Spiegelung in Ideologie und Kunst erfahren haben. Die Hauptakteure in diesen Prozessen waren das junge städtische Bürgertum, die französische Krone und der neu entstandene niedere Adel; sie übten den entscheidenden Einfluß auf die Entstehung der Gotik aus.

Über rund zwei Jahrhunderte hinweg war die Kathedrale die wichtigste Bauaufgabe. Sie war in dieser Zeit der Leitbau in der Architekturentwicklung, und der an ihr entwickelte Stil war vorbildlich für die meisten anderen Bauwerke, auch da, wo diese wie die Bettelordenskirchen in be-

Meißen, Dom

Vor der Vollendung der Turmaufsätze zwischen 1904 und 1909.

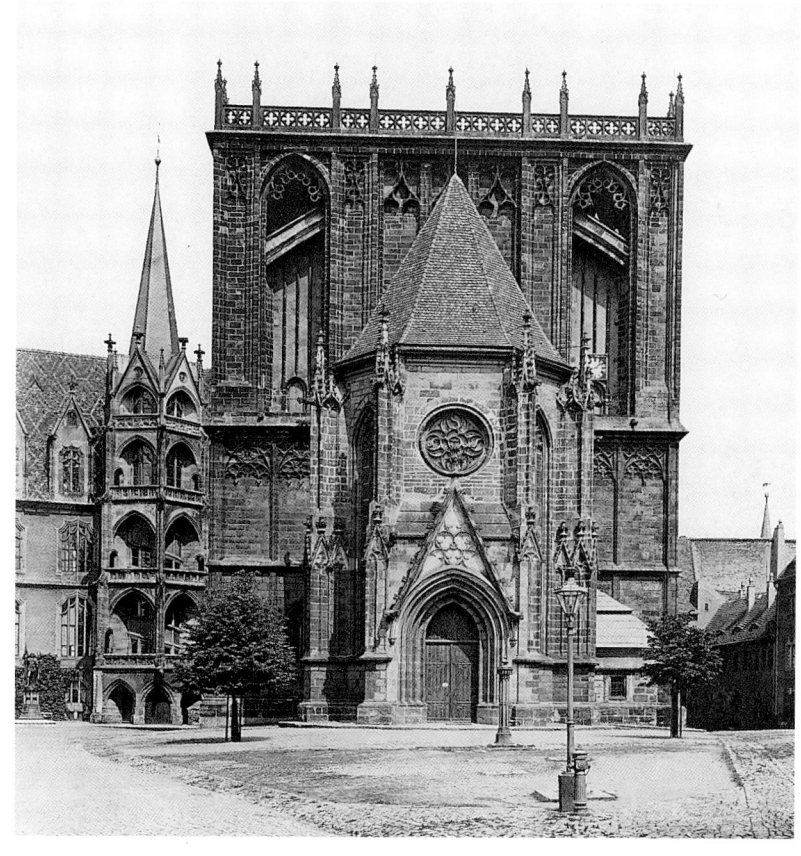

Meißen, Dom

Ansicht von Westen nach dem Aufbau der Turmaufsätze 1909.

tontem Gegensatz zur Bischofskirche errichtet wurden. Selten ist in einem Bauwerk das Weltbild einer ganzen Epoche in seiner Totalität so anschaulich gestaltet worden, wie es an der Kathedrale geschah. Dies war aber erst möglich, nachdem die sozialökonomische Formation, deren Weltbild die gotische Kathedrale veranschaulicht, zur Entfaltung gediehen war.

Diese Kräfte, die die Gotik entstehen ließen, waren es auch, welche die Übernahme der französischen Gotik in andere Länder beförderten. Dabei wurden nicht nur deren eigene Traditionen wirksam und begannen sich nationale Besonderheiten auszubilden, sondern auch die Übernahme selbst erfolgte nicht selten schon unter bestimmten Gesichtspunkten, die jeweils den einen oder anderen Faktor der ursprünglichen Ganzheit betonten. Die vorgegebene Form erwies sich als flexibel genug, neue soziale Inhalte aufzunehmen und veränderten gesellschaftlichen Verhältnissen gemäße Aussagen zu formulieren.

Die Gotik in Frankreich

Für das Werden der Gotik in Frankreich war die Entwicklung der Produktivkräfte entscheidend, die zur Lösung des Handwerks von der Landwirtschaft, zu Warenproduktion und Handel führte. Bürgerstädte entstanden als Zentren von Handwerk und Handel. Die nordfranzösischen Städte konnten sich zunächst recht ungehindert entwickeln, da die Vertreter der Feudalität untereinander in kriegerische Auseinandersetzungen verstrickt waren. Bald genossen die Städtebürger in ihrem eigenen Kampf gegen die feudalen Grundherren Schutz und Unterstützung der französischen Krone. Die mittelalterliche nordwesteuropäische Stadt unterscheidet sich auch wesentlich von der antiken und der mittelalterlichen südeuropäischen Stadt, da sie weder als Verwaltungs- noch als Adelssitz, sondern als Handelsplatz entstand. Die führenden Schichten waren Fernkaufleute, die stadtsässig wurden, einen gewissen Reichtum erwarben und soziale wie politische Bedeutung erlangten.

In Frankreich war im 11. Jahrhundert die Entwicklung der Produktivkräfte so weit fortgeschritten, daß es zur Loslösung des Handwerks von der Landwirtschaft kam. Besonders die Kummetanspannung, die sich jetzt allgemein durchgesetzt hatte, zeigte ihre ungemein fruchtbaren Folgen. Die tierische Zugkraft konnte nun weit besser genutzt werden. Das Pferd löste das Rind ab, und die Pferde konnten ein Mehrfaches an Lasten ziehen. Besonders wichtig war, daß jetzt mit schweren Pflügen tiefer gepflügt werden konnte, was zu beträchtlich höheren landwirtschaftlichen Erträgen führte und die Erschließung bisher unbebauter Flächen ermöglichte. So stieg die Produktion zu einem Überschuß, der es erlaubte, daß weniger Menschen für den unmittelbaren Nahrungsbedarf arbeiteten und andere sich anderer Tätigkeit, handwerklichen Arbeiten, zuwandten. Die Handwerker hatten sich differenziert, ihre Produktionstechnik war vollkommener geworden, die Arbeitsfertigkeit hatte sich erhöht. So stieg die Produktivität beträchtlich an, und es kam zur Produktion für den Austausch, zur Warenproduktion. Als Zentren von Handwerk und Handel entstanden und entwickelten sich mittelalterliche Städte.

Mit der Entstehung der Städte aber begann auch der Kampf ihrer Bürger um die Befreiung aus der Gewalt der Grundherren. Dieser setzte bereits nach der Mitte des 11. Jahrhunderts ein und erreichte in der ersten Hälfte des 12. Jahrhunderts einen Höhepunkt. Die aus grundherrlicher Abhängigkeit herausdrängenden Bürger schlossen sich zu Kommunen zusammen, die vom König durch besondere Privilegien gefördert wurden. Den Anfang machte Le Mans mit der Bildung der Kommune im Jahre 1039; Cambrai, Saint-Quentin, Beauvais, Noyon, Laon, Châlon-sur-Marne, Chartres und Reims folgten. Frühe Kommunen sind auch für Senlis, Sens, Bourges und Amiens bezeugt. Alles Namen, die zugleich eine Kathedrale aus dem ersten Jahrhundert der Gotik bezeichnen.

Die Stadt

Die Städte boten den Leibeigenen Freiheit; das Wort »Stadtluft macht frei« hatte durchaus seine reale Bedeutung. Neben dem Befreiungskampf der Städte gab es sozialreligiöse Volksbewegungen, deren Träger Bauern und Handwerker waren, denen aber auch neben Vertretern des niederen Adels und der niederen Geistlichkeit besitzlose untere Volksschichten ohne Bürgerrecht angehörten. Alle diese verschiedenen so-

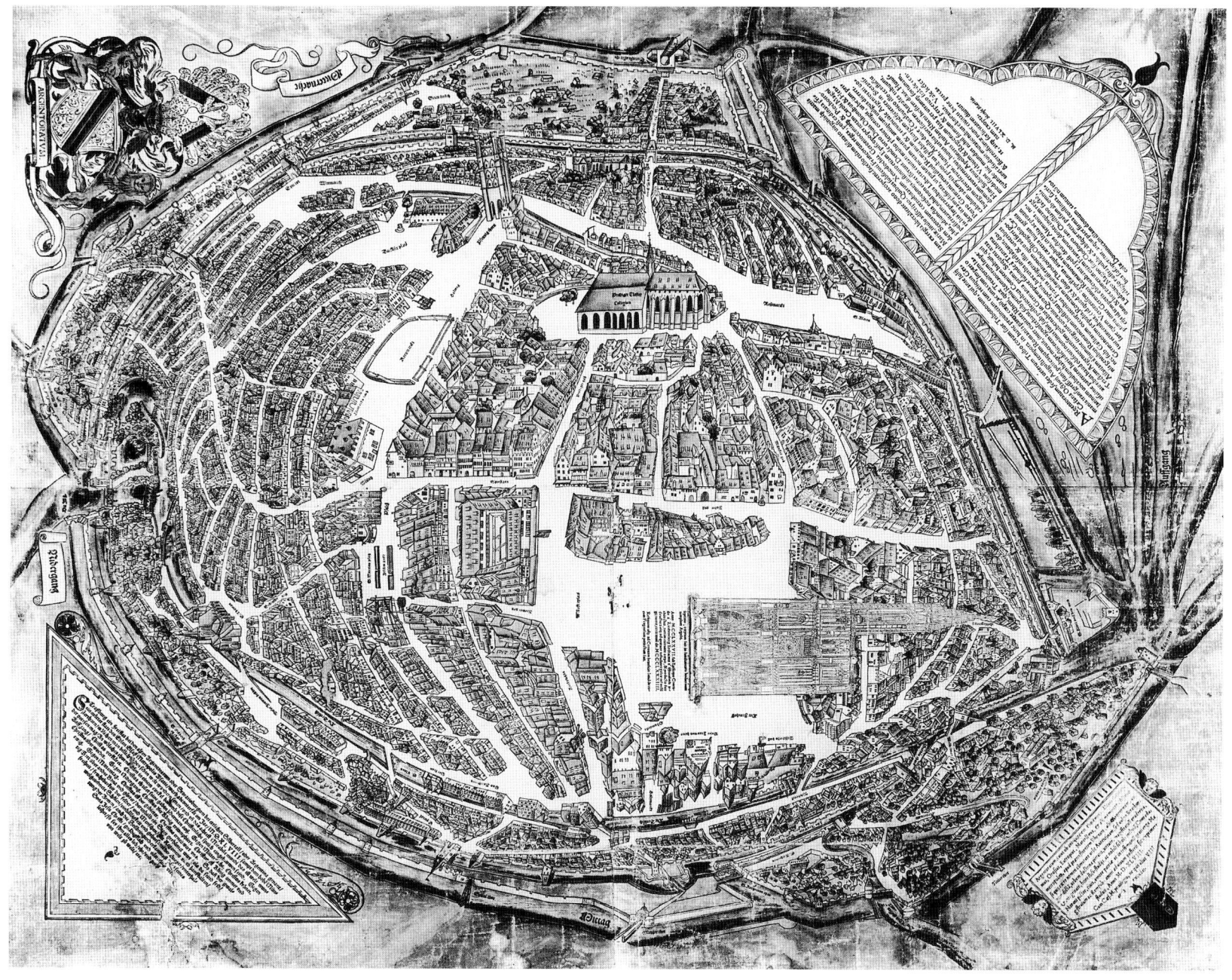

zialen Kräfte hatten in irgendeiner Weise Anteil am Bau der Kathedrale und deren Ausstattung. So konnte und mußte die Kunst in den Städten zu einem Sammelbecken der Gefühle und Gedanken breitester Volksschichten werden, einen allgemein menschlichen Gehalt gewinnen und sich an unterschiedliche soziale Gruppen wenden.

Das größte Hemmnis für die Entwicklung der Warenproduktion bildete die feudale Anarchie mit der Zersplitterung des Landes, den zahllosen Fehden des Adels und den auch mit kriegerischen Mitteln verfochtenen Ansprüchen der englischen Könige auf französische Territorien. Bereits Wilhelm I., der Eroberer, regierte ja auch das Herzogtum Normandie. Durch die Heirat des Grafen Heinrich von Anjou, des späteren Heinrich II. von England, mit Eleonore, der geschiedenen Gattin des französischen Königs Ludwig VII., kamen Anjou, Maine, Touraine, Poitou, Guyenne und Gascogne an die englische

Vogelschauplan der Stadt Straßburg

1548, Holzschnitt, koloriert, nach einer Zeichnung von Conrad Morandt, gen. Schwebelin. Nürnberg, Germanisches Nationalmuseum.

Krone. Erst zwischen 1202 und 1204 gelang es Philipp II. August mit Hilfe des städtischen Bürgertums die Gebiete der Normandie, des Anjou, von Maine, der Touraine und des nördlichen Poitou zurückzugewinnen. Nach der Schlacht von Bouvines und dem Frieden von Chinon 1214 fielen Philipp alle englischen Besitzungen nördlich der Loire wieder zu. Das Bürgertum brauchte für seine Gewerbe und seinen Handel sichere Straßen und einen einheitlichen Markt. Darin trafen sich die Interessen mit denen der französischen Krone, die damals ihren Kampf um die Einigung des noch immer wirtschaftlich zerrütteten Landes unter ihrer zentralen Gewalt, gegen die föderalistischen und territorialstaatlichen Bestrebungen der großen Barone, die Besitzansprüche der englischen Könige und den Universalitätsanspruch der römischen Kirche begann. Königtum und Städte mußten so, wenigstens vorübergehend, Verbündete werden. Die Krone gewann für sich das ökonomische und militärische Potential der Städte, diese erhielten vom König ihre gegenüber den Grundherren erkämpften Rechte bestätigt und wurden mit besonderen Privilegien begabt. Daß das französische Königtum dabei durchaus seine eigenen Ziele verfolgte, wird unter anderem darin deutlich, daß zum Beispiel Paris nie die Rechte einer Kommune erhielt. Aber wenn die französische Krone auch die Städte als Mittel zum Zweck in ihren eigenen Plänen benutzte und in den Kronlanden, dem Gebiet der Ile de France, über das die französischen Könige unmittelbar als Grundherren verfügten, eifersüchtig auf die Wahrung der eigenen uneingeschränkten Macht bedacht war, so dienten die Maßnahmen der Städtepolitik und zur Einigung Frankreichs doch objektiv der Entwicklung der Städte und förderten das Städtebürgertum. Mit der Einigung des Landes war zugleich ein erster wichtiger Schritt auf dem Wege zur Bildung eines französischen Nationalstaates getan.

Von dem Prozeß der gesellschaftlichen Wandlung wurden alle Schichten in Frankreich erfaßt. Der alte Geburtsadel verlor manches seiner Vorrechte, vor allem die Macht der großen Barone wurde nicht unerheblich eingeschränkt. Gleichzeitig öffneten sich vorübergehend die Schranken des Adels. Der Berufsstand der Dienstmannen wandelte sich in den Geburtsstand der Ritter. Um 1200 war dieser Vorgang weitgehend abgeschlossen und das Rittertum, der neue niedere Adel, war ein von außen unzugänglicher Stand. Auf diesen vor allem stützte sich die Krone bei ihren verschiedenen Reformen zur Reorganisation des Staates, so Philipp August bei seiner Verwaltungsreform.

Im Ringen um die Landeseinigung spielte auch der französische Episkopat eine wichtige Rolle. Er ergriff weitgehend die Partei der Krone, wehrte er sich doch selbst gegen die Übergriffe des hohen Adels und die universellen Ansprüche der römischen Kurie. Nicht selten setzten sich seine Vertreter dem Vorwurf aus, daß es ihnen an Ehrerbietung und Gehorsam gegenüber dem Apostolischen Stuhl in Rom mangle, daß sie sich den Dogmen der Kirche gegenüber unkorrekt verhielten und häretische Ansichten duldeten, etwa die des Pierre Abaelard, der im Jahre 1142 starb.

Bei durchaus unterschiedlichen Interessen mußten so vorübergehend Krone, niederer Adel, Episkopat und Städtebürger zu Verbündeten im Kampf gegen jene Kräfte werden, die der Einigung Frankreichs unter einer starken Zentralgewalt entgegenstanden und mit ihren Fehden Handwerk und Handel, und damit die Entwicklung der Städte und ihrer Bürger behinderten. Von den Veränderungen, die sich in Frankreich vollzogen, war die Entstehung städtischer Kommunen und die Einigung des Landes unter einer starken Zentralgewalt wohl am entscheidendsten. Zu beiden steht die Entwicklung der gotischen Kathedrale in enger Beziehung.

Auf die Verbindung zum Königtum weist schon die Ausbildung des neuen Stils in Francien, dem alten Herzogtum im Pariser Becken, das das Kronland der französischen Könige war, und die Rolle, die dabei die Abtei von Saint-Denis, die Grabeskirche der französischen Könige, gespielt hat. Die Ausbreitung der Gotik erfolgte parallel zur Erweiterung der Königsmacht. Die ersten gotischen Kathedralen entstanden in den Bischofssitzen der geistlichen Krondomäne, das heißt in jenen um die Ile de France gelegenen Bistümern, in denen der König und die königliche Familie besondere Rechte besaßen. Es muß aber auch daran erinnert werden, daß gerade diese Städte zugleich Orte früher kommunaler Bewegungen waren.

In der Stadt vollzieht sich von nun an im wesentlichen die stilbildende Architekturentwicklung. Ohne den Reichtum der Städte, ohne die handwerklich-technischen und künstlerischen Fähigkeiten ihrer Bürger hätten die Kathedralen nicht gebaut werden können.

Die Kathedrale wandte sich mit ihrer Aussage an die Stadtbevölkerung, bürgerliche Korporationen traten bereits als Teilauftraggeber, zum Beispiel für die großen Zyklen der Glasfenster, auf, Zünfte und Gilden erfuhren eine erste bildliche Darstellung innerhalb des Gesamtkunstwerkes Kathedrale. Die Bauherren der Romanik waren fast ausschließlich auf die Arbeitskraft ihrer Grunduntertanen angewiesen, die Zahl der spezialisierten Handwerker war gering. Mit diesen Arbeitskräften aber hätte keine der großen gotischen Kathedralen errichtet werden können. Dazu war eine beträchtliche Zahl gut ausgebildeter und spezialisierter Handwerker erforderlich, über die kein feudaler Grundherr verfügte und die auch einem Bischof kaum von einer Klosterwerkstatt in notwendigem Maße zur Verfügung gestellt werden konnte. Damit es einem Bauherren möglich wurde, ihm nicht grunduntertänige Arbeitskräfte in der benötigten Anzahl zu beschäftigen, mußte er über Geld verfügen, um sie entlohnen zu können. Das aber heißt, die Warenproduktion und die Geldwirtschaft waren über die ersten Anfänge hinaus gediehen. Als dies erreicht war, wurden in einem bis dahin nördlich der Alpen nicht gekannten Maße Potenzen an Phantasie und Schöpferkraft wirksam. Der höhere Stand der Technik, die bessere Arbeitsorganisation, die größere Arbeitsfertigkeit eröffneten neue Wege des Bauens. Zugleich verband sich mit den neuen Produktionsformen auch ein gewandeltes ästhetisches Empfinden, dem die alten Kunstformen nicht mehr genügten, da sie im Gegensatz zu den konstruktiven Gegebenheiten der Kreuzgewölbe und der gegliederten Wand standen, und das deshalb dazu zwang, neue, den technischen Möglichkeiten entsprechende Gestaltungsmittel zu finden. »Das all war notwendig, und ich bildete es schön«, läßt Goethe den Geist Erwins von Steinbach, des Meisters der Straßburger Westfassade, sagen. Und der Zeitgenosse der großen Kathedralbauten, der Baumeister Villard de Honnecourt, schreibt zu einer Zeichnung eines Turmes der Kathedrale von Laon: »Ich bin in vielen Ländern gewesen, wie ihr aus diesem Buche ersehen könnt; aber an keinem Orte habe ich jemals einen solchen Turm erblickt, wie es der von Laon ist.« Und er fügt der Beschreibung die mahnenden Worte hinzu: »Habt wohl acht auf eure Arbeit; so werdet ihr tun, was eines weisen und großzügigen Mannes würdig ist.« Die Fähigkeit, Bauwerke auch nach Gesichtspunkten der Schönheit zu bewerten, führt zu ersten zaghaften ästhetischen Urteilen, wie wir sie davor im Mittelalter kaum finden.

Auch auf anderen Gebieten des gesellschaftlichen Lebens ist Neues zu beobachten. Die ritterlich-höfische Kunst sah die Triumphe der Troubadours und Trouvères, und ebenso entfaltete

Baubetrieb an einer Kathedrale

Buchmalerei von Jean Fouquet, Antiques et Guerres des Juifs. Ende 15. Jh., Paris Bibl. Nat. ms. fr. 247.

Die Gotik in Frankreich

sich eine städtisch-bürgerliche Kultur. Es war die Zeit, da die Mystik entstand und die Scholastik versuchte, die erwachende Vernunft mit dem Glauben auszusöhnen, aber auch die Zeit, in der häretische, ketzerische Gedanken immer häufiger ausgesprochen wurden und das christliche Denkgebäude Risse zu zeigen begann.

In den Städten entstanden nichtkirchliche, private Schulen, in denen in der Volkssprache unterrichtet wurde. In der Philosophie lehrten die Nominalisten im Universalienstreit, daß die Universalien, die Allgemein- oder Gattungsbegriffe, nur Namen der Dinge sind und deshalb auch nur im Bewußtsein des Denkenden existieren. Sie be-

Sens, Kathedrale Saint-Etienne
Westansicht

Die Fassade der vor 1142 begonnenen und vor 1168 weitgehend vollendeten Kathedrale besitzt in Figurenportalen, Fensterrose und Figurengalerie bereits alle Merkmale gotischer Kathedralfassaden.

Sens, Kathedrale
Innenraum

Die Wandgliederung, ursprünglich vierzonig, jetzt, nach Erweiterung der Obergadenfenster, dreizonig; die 6teiligen Rippengewölbe überspannen ein quadratisches Joch mit zwei Arkaden, deren Stützen wechseln.

sich besonders die damals entstehenden Bettelorden. In welchem Maße die neue Kunst agitatorische Aufgaben zu erfüllen hatte, zeigt schon die Fassade der Kathedrale – eine riesige Schauwand.

Die Wurzeln der Gotik reichen bis ins ausgehende 11. Jahrhundert zurück, und fast alle französischen Landschaften leisteten ihren Beitrag zu dem entstehenden Stil, den wesentlichsten wohl die Normandie und Burgund. In der Normandie war die plastische Vertikalgliederung der Wand, das Kreuzrippengewölbe und ein latentes Strebesystem vorbereitet, in Burgund der Spitzbogen, die »gotische Travée« und die einheitliche Längsrichtung der kryptenlosen Kirche, und hier waren durch die Jahrhunderte römische Bauwerke erhalten geblieben, auf deren Formen schon die burgundische Schule der Romanik fanden sich damit in Widerspruch zu führenden Theologen. Der Averroismus, der auf den spanisch-islamischen Philosophen Ibn Roschd (Averroes) zurückgeht und den Vorrang der philosophischen Wahrheit gegenüber der religiösen betonte, breitete sich aus. Simon von Tournai vertrat ihn an der Pariser Universität, und die Kurie sah sich daraufhin gezwungen, eine Provinzialsynode einzuberufen und durch einen päpstlichen Legaten verbietend einzugreifen. Pierre Abaelard vertrat den Grundsatz: »Verstehen, um zu glauben.«

Auch der christliche Kult selbst wandelte sich in dieser Zeit. Die Kirche hatte sich wieder auf das Recht der Laien am Gottesdienst besonnen, die Geistlichkeit auf ihre Pflichten gegenüber den Laien. Unter dem Einfluß der Volksmassen und um deren Schaubedürfnis zu befriedigen, wurde zuerst in Francien die Elevation der Hostie eingeführt, das heißt, der Priester erhob sie nach den Wandlungsworten, dem Höhepunkt der Meßfeier, und zeigte sie der Gemeinde; offenbar wollte man sehen, was man glauben sollte. Die Predigt, mit der sich der Kleriker direkt an die Gemeinde wandte, erhielt in wachsendem Maße Gewicht. Dieser Aufgabe widmeten

Saint-Denis, Abteikirche
Chor

Der unter Abt Sugerius 1140–1143 errichtete Kapellenumgangschor war das erste Beispiel des neuen gotischen Stils.

Die Gotik in Frankreich

Die Entwicklung des Kathedralschemas

zurückgegriffen hatte. In der Ile de France, dem französischen Kronland, erfolgte der Umschlag zum neuen Stil, ihr gebührt der Ruhm, die Gotik geboren zu haben. Der Chor der Abteikirche zu Saint-Denis, erbaut unter Abt Sugerius zwischen 1140 und 1143, war das erste Werk gotischer Baukunst.

Die Entwicklung der Gotik verlief in Frankreich mit geradezu logischer Folgerichtigkeit. Jeder neue Bau faßte das vor ihm Erreichte zusammen und war zugleich Voraussetzung für das Folgende. Der Baubeginn der Kathedralen von Sens (1142), Senlis (1153), Noyon (um 1150), Paris (1163) und Laon (zwischen 1160 und 1170) waren wichtige Stationen auf dem Weg zur klassischen Reife, die bereits zu Beginn des 13. Jahrhunderts in Chartres (Beginn des hochgotischen Baues nach Brand von 1194), Reims (1210) und Amiens (1220) vorhanden war.

Die Kathedrale der Hochgotik ist eine kreuzförmige Basilika, das heißt, niedrigere Seitenschiffe begleiten ein höheres Mittelschiff, das aus Fenstern in der Hochschiffwand, dem Lichtoder Obergaden, direktes Licht empfängt. Ein Querhaus durchdringt in Kreuzform das Langhaus und bildet mit ihm ein Kreuz. Beide haben drei, der Chor fünf Schiffe. Die inneren Chorseitenschiffe sind als Umgang um das Chorhaupt

Noyon, Kathedrale Notre-Dame
Kapellenkranz

Die Bischofskirche wurde um 1150 begonnen, der Kapellenumgangschor war in einigen Teilen 1157 in Benutzung.

geführt, den äußeren Schiffen entspricht ein Kapellenkranz.

Die Aufteilung des Grundrisses erfolgt mittels der gotischen Travée: jedem querrechteckigen Mittelschiffsjoch ist beiderseits ein quadratisches Seitenschiffsjoch zugeordnet. Den Querschnitt bestimmt der basilikale Aufbau, die Proportionen sind steil, die Breite des Mittelschiffs verhält sich zur Höhe wie eins zu drei. Die Wand ist dreizonig: den Arkaden folgt das Triforium – ein aus der Wand gesparter Laufgang, der gegen das Schiff durch Bogenstellungen vergittert ist – darüber nehmen die farbig verglasten Fenster die Jochbreite ein.

Die Arkaden ruhen auf Rundpfeilern mit vier Vorlagen. Die Vorlage im Mittelschiff steigt als Dienst auf und trägt den Gurtbogen des Gewölbes. Über dem Arkadenkämpfer kommen zwei Dienste hinzu, die die Diagonalrippen aufnehmen. Ein weiteres Dienstpaar für die Schildbögen setzt über dem Triforium ein. Die Wand ist diaphan, ein Gitterwerk gerundeter Vertikalglieder und spitzer Bögen, das mit Raumgrund – als Dunkelgrund in Seitenschiffen und Triforium, als Lichtgrund in der Fensterzone – hinterlegt ist.

Den oberen Raumabschluß bilden spitzbogige Kreuzrippengewölbe. Die Gewölbekonstruktion beruht auf der Erkenntnis, daß sich in einem Kreuzgewölbe die Schub- und Druckkräfte auf schmalen Bahnen entlang jener Linien konzentrieren, an denen die Kappen zusammenstoßen, und daß demnach auch nur an seinen vier Fußpunkten diese Kräfte auf den Unterbau einwirken. Es genügt also, ein System von Gurten und Diagonalrippen zu schaffen, zwischen die Wölbfelder dünn und leicht als Füllwerk eingefügt werden können. Das Gewölbe muß nicht mehr massiv gemauert oder im Mörtelguß ausgeführt werden, es erhält ein geringeres Gewicht, und die Einwölbung wird erleichtert. Zum anderen bedarf es auch nicht mehr der massiven Wand als Auf- und Widerlager; Stützen und Streben, an den Fußpunkten angeordnet, erfüllen den gleichen Zweck der Ableitung von Druck und Schub und sind materialsparend.

Das gotische Kreuzrippengewölbe unterscheidet sich in seiner Statik nicht vom romanischen Kreuzgratgewölbe mit Gurt- und Schildbögen, wohl aber in seiner ästhetischen Wirkung. So ist

die Rippe auch kaum als konstruktives Glied entstanden, sondern um der Befriedigung eines bestimmten baukünstlerischen Bedürfnisses willen. Statisch war sie zunächst eigentlich gar nicht erforderlich, sie hat auch im Verlauf der Entwicklung erst bei den großen Kathedralen konstruktive Bedeutung erlangt. Die Rippe diente in erster Linie ästhetischen Anforderungen. Bereits in den normannischen Kirchen der zweiten Hälfte des 11. Jahrhunderts war in der Wandgliederung das konstruktive System mit plastisch gerundeten Vorformen der späteren Dienste anschaulich gemacht worden. Als man diese Kirchen wölbte, war auch hier eine der Wandgliederung entsprechende Durchbildung erforderlich; die Wandgliederung verlangte nach einer Fortsetzung über den oberen Raumabschluß hinweg. Die Entwicklung verlief vom Kreuzgratgewölbe mit kurvigen Schnittlinien zwischen den Kappen über Gewölbe, deren Grate geradlinig geführt sind, die zunächst mit Farbstreifen, danach mit Wülsten und schließlich mit Rippen gewisser-

Laon, Kathedrale Notre-Dame
Westfassade

Zwischen 1160 und 1170 begonnen, waren Langhaus und Westbau um 1220 vollendet. Die Westtürme mit ihren Tabernakeln an den Ecken waren vorbildlich für Bauten der deutschen Frühgotik.

maßen nachgezeichnet beziehungsweise unterlegt wurden. Farbstreifen aber wirkten kaum als funktionierende Glieder, Wülste waren wenig differenziert, nur ein System von Gurten und Rippen konnte letztlich zur befriedigenden Entsprechung der bereits in der Normandie vorgebildeten, in der gotischen Kathedrale ausgereiften diaphanen Struktur der Wand werden.

Die Dienste als optisch wirksame Kräftebahnen veranschaulichen die Funktion des Tragepfeilers, der selbst zwischen den Füllwänden verborgen bleibt. Ohne die Dienste wirkt der Pfeiler, selbst wenn er durch Vorlagen betont wird, ästhetisch als Teil der Wand, zahlreiche romanische Beispiele belegen dies. Erst der gerundete, mit Raumgrund hinterlegte Dienst vermag das Kontinuum der Wand zu durchbrechen und so als funktionierendes Gebilde zu erscheinen. Ganz entsprechend macht auch die Rippe statische Kräfte sichtbar; sie ist die ästhetisch wirksamste Gestaltungsform zur Veranschaulichung der im Gewölbe wirkenden Statik. Das romanische Kreuzgratgewölbe über quadratischem Grundriß war ein Konzentrationsmotiv, das zum Verharren zwang, auf die von den Arkaden getragene Bewegung hemmend wirkte und nur ein Schreiten von Ruhepunkt zu Ruhepunkt erlaubte. Das Kreuzrippengewölbe besitzt nichts Zentralisierendes, fordert kein Verweilen in seinem Mittelpunkt, sondern weist über sich selbst hinaus und zwingt zu ständiger Bewegung. Selbst das Konzentrationsmotiv des Schlußsteins vermag nicht, dem entgegenzuwirken. Durch das Dienstsystem ist die Wölbung der Kathedrale bereits in deren Grundriß vorbereitet. Diese überlangen, stabförmigen Bauglieder, die Basis und Rippen verbinden, wirken wie Leitbahnen, die alle in der Architektur wirkenden Kräfte in sich zu vereinen scheinen. So entsteht der Eindruck eines unaufhörlichen, stetig steigenden Kräftestroms. Entgegen allen Gesetzen der Schwerkraft scheint das Gewölbe, nur von dünnen Stäben gehalten, über dem Raum zu schweben. Wie sehr die Vorstellung von lebendigen, im Stein wirksamen Kräften dem Denken gotischer Werkmeister und Steinmetzen entspricht, wird da besonders deutlich, wo aus der reinen Architekturform ganz unvermittelt ein vegetabiles Gebilde, Blatt oder Knospe, hervorbricht.

Das Kreuzrippengewölbe fügt sich völlig der divisiven Gestaltung der gotischen Kathedrale ein. Aber erst die Anwendung des Spitzbogens ließ die neuen Erkenntnisse der Wölbung fruchtbar und für die Durchbildung der Wand wirksam werden. Der Spitzbogen gestattet, da seine Höhe nicht von seinem Durchmesser abhängig ist, die Einwölbung auch über rechteckigem oder unregelmäßigem Grundriß bei durchgehend gleicher Scheitelhöhe aller Bögen und Kappen. Das wiederum erlaubte den Übergang zur gotischen Travée mit ihrer dichteren Stützenfolge. Zudem ist der Spitzbogen stabiler als der Rundbogen, er nähert sich jenem absoluten Vertikalismus, der für Bögen und Gewölbe höchste

Paris, Sainte-Chapelle

Beim Bau der Palastkapelle der französischen Könige nutzte der Baumeister Pierre de Montereau die Möglichkeiten der Konstruktion bis an die Grenzen des technisch Machbaren für einen durchlichteten Skelettbau.

Amiens, Kathedrale Notre-Dame

In diesem 1220 begonnenen, 1269 fertiggestellten Kirchenbau ist das System der französischen Kathedrale zur Vollendung gebracht.

Stabilität bedeutet, da bei ihm jeglicher Seitenschub ausgeschaltet wird.

Sosehr der Spitzbogen auch den Schub in die Senkrechte umleitet, ganz beseitigen kann er ihn nicht. Dieser muß an den Gewölbeanfängen aufgenommen und abgeleitet werden. Bei den Seitenschiffen ist dies nicht schwierig, hier können einfach an der Außenwand Strebepfeiler angebracht werden, welche die Ableitung des Schubes zum Fundament übernehmen. Problematisch ist dies aber beim Mittelschiff, da hier der Seitenschub über die Seitenschiffe hinweggeleitet werden muß. Zunächst half man sich damit, daß man die Gewölbe gleich in Höhe der Fenstersohlbänke beginnen ließ und ihren Schub mit der Seitenschiffempore auffing. Als der Meister von Chartres auf die Empore verzichtete, mußte er dafür ein System von frei schwingenden Strebebögen und Strebepfeilern entwickeln. Er erreichte damit zugleich, daß die Gewölbe höher angesetzt und so die Fläche der Fenster vergrößert werden konnten. Strebebögen nehmen nun hoch über den Seitenschiffdächern den Schub der Hochschiffwölbung auf und vermitteln ihn zu Strebepfeilern, die an den Außenwänden der Seitenschiffe stehen, diese führen ihn dann zum Fundament. Damit diese Strebepfeiler nicht unter dem von der Seite her angreifenden Schub umknicken, werden sie durch türmchenartige Aufbauten, die Fialen, beschwert. Ihr

Die Gotik in Frankreich

Caen, Stiftskirche Sainte-Trinité

1059–1066, erhielt in einer zweiten Bauperiode 1110–1120 die ersten sechsteiligen Rippengewölbe, die erhalten sind.

Caen, Siftskirche Ste.-Etienne

Erbaut 1064–1077, ist eines der wichtigsten Beispiele für die Vorstufen der Gotik in der Normandie.

Gewicht wirkt dem von der Seite her anfallenden Schub entgegen.

Wie Dienste und Rippen zeigt das Strebesystem das Wesen der gotischen Konstruktion, während man der romanischen Wand nirgends die Mächtigkeit des Widerlagers ansieht, das sie bildet. Der Gewölbeschub hätte letztlich auch durch ein in der Wand und unter den Seitenschiffdächern verborgenes Strebewerk abgeleitet werden können, wie das ja in mehreren Fällen geschehen ist, aber damit wäre eben die Konstruktion nicht sichtbar, nicht anschaulich geworden. Daß dabei innen und außen jeweils nur eine Seite des gesamten Systems gezeigt wird, innen die Ableitung des Druckes, außen die des Schubes, ist unter anderem durch die mittelalterliche Bildauffassung erklärbar. Das mittelalterliche Bild ist nie nur die Wiedergabe eines Augeneindrucks, sondern setzt immer voraus, daß das Gesehene durch das Gewußte ergänzt wird. Auf diese Weise wird das getrennt Gesehene im Bilde zusammengefaßt.

Das Strebewerk ist zunächst konstruktiv bedingt gewesen, zugleich aber ist es auch künstlerisch gestaltete Form und Teil des Gesamtkunstwerkes Kathedrale. Technisch Notwendiges und ästhetisch Wirksames gehören untrennbar zusammen. Dabei scheint bei der Ausbildung des Strebewerkes die konstruktive Überlegung von erstrangiger Bedeutung gewesen zu sein, sie erst ermöglichte ja die Gestaltung des Innenraums, während bei der Ausbildung des Dienst- und Rippensystems das ästhetische Erfordernis den Ausschlag gegeben hat. Vom Innenraum her aber bekommt auch das Gerüstwerk des Außenbaus seine Rechtfertigung. Wenn dabei ein Verlust an Monumentalität eintritt, an Denkmalhaftigkeit, die auf kubischer Geschlossenheit des Baukörpers beruht, so wird das nicht nur durch die Wirkung des Inneren aufgewogen, sondern auch durch die Einheit in der Vielteiligkeit des Ganzen. Die gotische Gewölbekonstruktion hatte Konsequenzen in technischer wie in ästhetischer Hinsicht, welche die Gestaltung von Raum und Raummantel gleichermaßen betrafen. Nun erst konnte das Bauwerk zu einem Gliederbau aus plastisch gerundeten Formen werden, die mit Raumgrund hinterlegt waren. Die diaphane Wand wurde möglich, da die Wand als homogene Mauermasse konstruktiv ebenso unnötig, wie sie ästhetisch unerwünscht geworden war.

Tiefenbewegung und Höhendrang prägen den Innenraum. Die spitzbogigen Arkaden leiten den Eintretenden in raschem Schritt dem Chore zu, in diesem finden die Formen des Langhauses eine harmonische Auflösung. Die Dienste führen als Leitbahnen den Blick nach oben, wo die Diagonalrippen wieder nach vorn weisen, also vorwärts und aufwärts, beides in einem. Der Bewegung unserer Augen entsprechend scheinen die

Chartres, Kathedrale Notre-Dame
Wandaufriß des Querhauses

Er zeigt das klassische dreizonige System mit Arkade, Triforium und Obergadenfenster.

Die Gotik in Frankreich

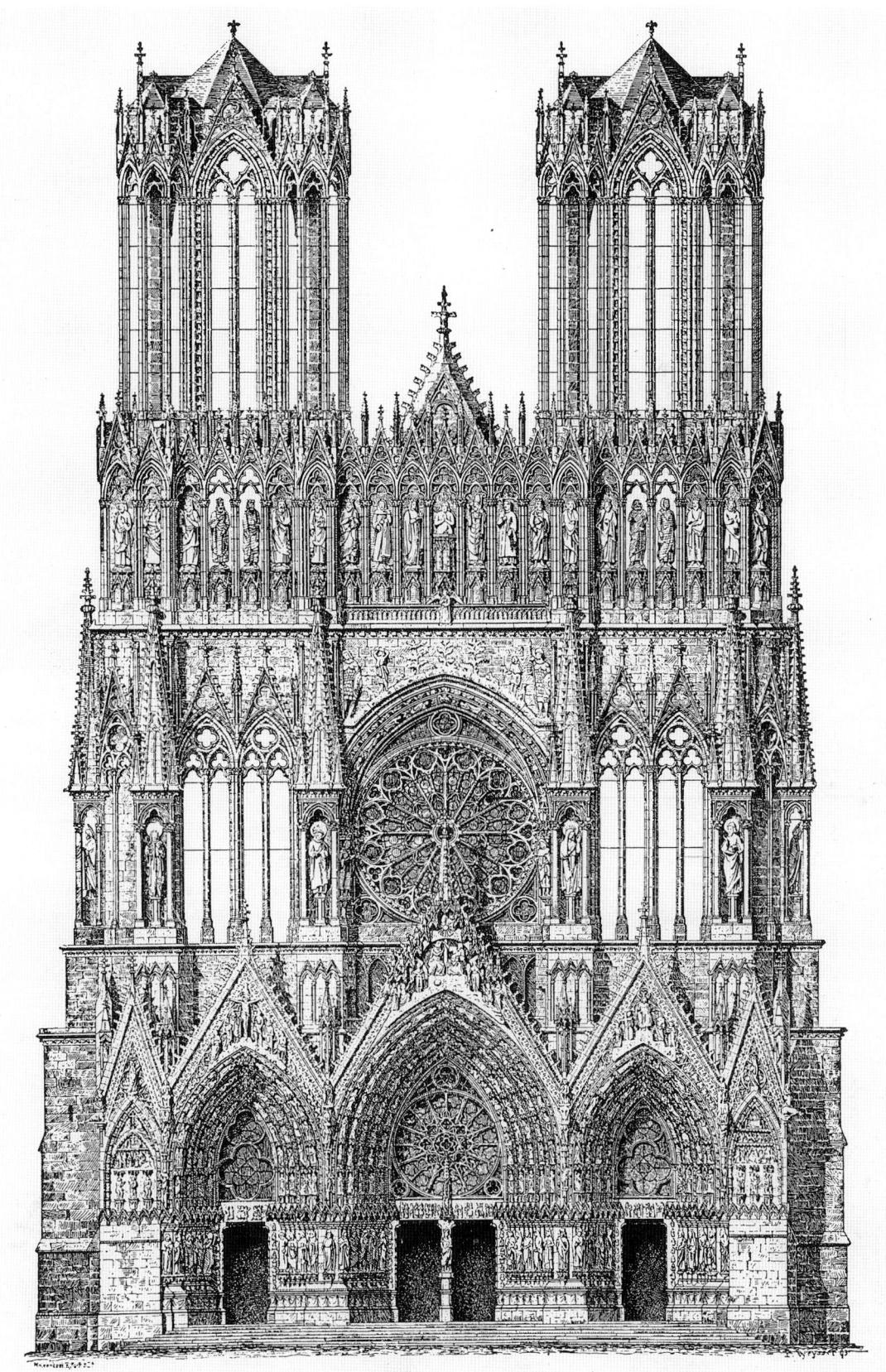

Reims, Kathedrale Notre-Dame
Westfassade

Der Bau wurde 1210 von Jean d'Orbais begonnen, die Arbeit an den Westportalen nahm Jean de Loup 1236 auf, zwischen 1260 und 1295 führte Bernard de Soissons den Westbau bis zur Rose. Das Ergebnis ist die wohl ausgewogenste gotische Kathedralfassade.

Dienste und Gewölbeanfänge
Meißen, Dom

Sie zeigen die Funktionalität des gotischen Systems, in dem jeder Rippe bzw. jedem Bogen ein Dienst zugeordnet ist.

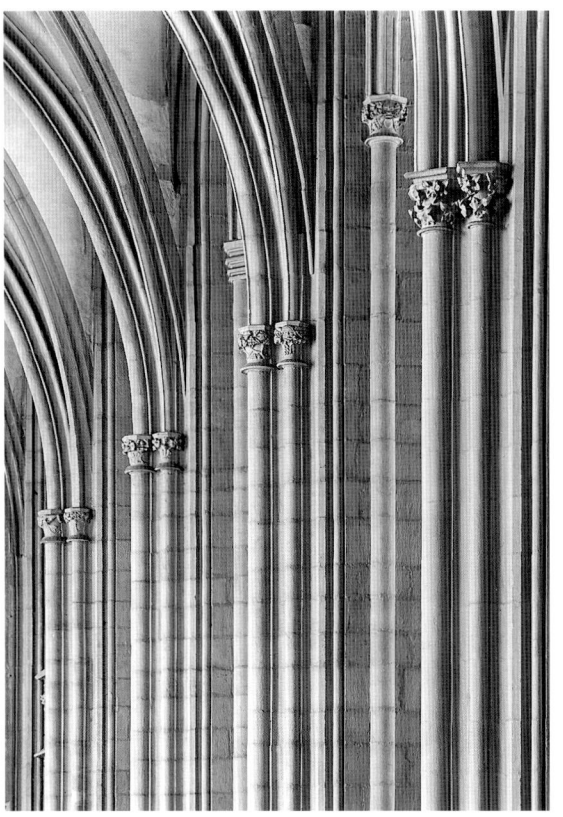

Gewölbe gewichtlos aus den Diensten emporzuwachsen. Alle Formen sind, für sich allein genommen, unvollständig, nur im Ganzen haben sie ihre Funktion, und im Funktionieren, im Dienen liegt ihr Sinn. Übergreifende Ordnungen, die Vorbereitung des Großen im Kleinen bringen Zusammenhalt in die Vielfalt.

Das Erlebnis des Hauptraumes, der über seine eigenen Grenzen hinausstrahlt, schließt die Wirkung der Nebenräume mit ein. So entsteht ein großer einheitlicher Eindruck eines vielgestaltigen, stets bewegten, über seine Grenzen hinausweisenden, nie völlig zu erfassenden Ganzen. Außen umstehen Strebepfeiler das Bauwerk, in ihrer gleichmäßigen Abfolge verschleiern sie den Gegensatz zwischen Langhaus und Querhaus ebenso wie den Höhenunterschied der Schiffe. Die Bewegung dieser Pfeilerfolge setzt mit dem Akkord der Westtürme ein, wird dann im schnellen Tempo dem Chor zugetragen, züngelt im Vierungsturm auf und verklingt im Kranz der das Chorhaupt säumenden Pfeiler.

Die Baugestalt der Kathedrale bloß zu beschreiben hieße, sie nur zur Hälfte und damit gar nicht zu erfassen. Sie ist ein Gesamtkunstwerk, das Baukunst, Plastik, Malerei und die verschiedensten Zweige des Kunsthandwerkes in einer Synthese vereinigt, wie sie in dieser Vollkommenheit nur selten in der Menschheitsgeschichte erreicht wurde. Allein an der Kathedrale von Chartres wurden etwa 1800 Bildwerke gezählt, von den 186 Farbfenstern sind noch 152 erhalten.

Andere Kathedralen waren kaum ärmer. Ungezählte Bildwerke und mannigfaltige Schmuckformen gehören zum Bauwerk, bilden mit seine Gestalt, finden an ihm ein Gehäuse, artikulieren seine Bedeutung.

In Figurenzyklen, Reliefs und den Glasmalereien der Fenster gewinnt das ganze Lehrgebäude des christlichen Glaubens anschauliche Gestalt. Kapitelle, Kämpfer und Konsolen sind mit naturnah gebildetem Laubwerk geschmückt, das oft genau bestimmbare Pflanzenformen einzelner Landschaften wiedergibt. Nur der Gotik eigentümlich ist das Maßwerk.

Die Westfassade ist eine überwältigende Schauwand, in ihrer dreiteiligen Komposition spiegelt sich die innere Dreischiffigkeit wider; dreizonig ist auch der vertikale Aufbau. In der unteren Zone öffnen sich die tiefen Gewändeportale mit ihren Bildwerken. Oberhalb der Portale spendet die große Fensterrose dem Mittelschiffe Licht, und die Türme sind durch schlanke Fenster gegliedert. Über einer abschließenden Figurengalerie streben dann frei die reich durchbrochenen Türme empor.

Schon in Amiens, der dritten der klassischen Kathedralen, künden sich Extreme an: übermäßige Steilheit und zunehmende Wandauflösung.

Die Hofkapelle der französischen Könige, Sainte-Chapelle in Paris (1245–1248), ist zweigeschossig: Über niedrigem Untergeschoß erhebt sich ein reiner Skelettbau. Im Inneren des

Strebepfeiler mit Fialen
Halberstadt, Dom

Die Strebepfeiler nehmen über Strebebögen den Schub der Hochschiffgewölbe auf und leiten ihn zum Fundament. Fialen beschweren die Streben und verhindern mit ihrem Gewicht deren seitliches Ausbrechen.

oben gelegenen Hauptraumes steigt – vom farbigen Licht der Glasfenster umglüht – das Stabwerk der Dienste auf und schließt sich im spitzen Bogen der Rippen.

In der Kathedrale von Beauvais (begonnen 1247) war der Vertikalismus bei gleichzeitiger Wandauflösung so weit getrieben, daß der Stein den Anforderungen nicht mehr genügte: Pfeiler barsten und das Gewölbe des Hochchores stürzte ein. Ehe so die Grenzen des technisch Möglichen der Hochgotik erreicht und überschritten waren, hatten Bürgerkirchen die Kathedralgotik übernommen und ihr eine neue Entwicklungsrichtung verliehen. Der bis dahin nahezu einheitliche Stilverlauf spaltete sich in zwei Richtungen: die von der Sainte-Chapelle angebahnte höfische und die von den Pfarrkirchen bestimmte städtisch-bürgerliche.

Fensterrose
Straßburg, Münster

Die mit reichem Maßwerk gefüllten Rosenfenster sind das zentrale Motiv der meisten gotischen Fassaden, sie sind zugleich ein Sonnen- und Christus-Symbol.

Die Gotik in Frankreich

Ortskarte der abgebildeten Denkmale

Die Gotik in Deutschland

Das Eindringen der französischen Gotik

Die Gotik hatte in Frankreich bereits ihren Höhepunkt erreicht, als sie in Deutschland Aufnahme fand. Dabei standen einzelne Übernahmen, durch persönliche Bindungen der Bauherrn veranlaßt, am Anfang. Die Kathedrale in Laon, deren Türme in Bamberg und Naumburg nachgebildet wurden, war das große Vorbild.

Die deutschen Städte hatten eine ähnliche, wenn auch im einzelnen etwas verspätete wirtschaftliche Entwicklung durchlaufen wie die französischen. Zu einem dauerhaften Bündnis der Bürger mit der Krone war es nicht gekommen, auch wenn sich manche Könige gelegentlich auf die Städte als ihre Verbündeten im Kampf gegen Fürsten und hohen Klerus stützten, so wie dies Heinrich (VII.) tat, als er 1228 für seinen Vater, Kaiser Friedrich II. aus dem Hause der Hohenstaufen, die Regierung in Deutschland übernahm. Noch immer waren die Folgen des Investiturstreites spürbar, und unter Friedrich II. lagen die Interessen des Herrschers mehr in Italien als in Deutschland. Heinrichs (VII.) Bemühungen um Reichseinheit und gegen den Universalitätsanspruch der römischen Kirche scheiterten. Auf den Hoftagen in Worms im Jahre 1231 preßten ihm die Fürsten entscheidende Privilegien ab, die jedes Streben der Städte nach Selbständigkeit unterdrückten. Kaiser Friedrich II. mußte diese im »Statut zugunsten der Fürsten« 1232 bestätigen. Schließlich wurde Heinrich, der sich gegen seinen Vater empört hatte, 1235 durch einen Fürstenspruch abgesetzt und als Gefangener nach Apulien gebracht. Wiederholt wurden von deutschen Fürsten Gegenkönige gewählt.

Nach dem Aussterben der Staufer bemühten sich englische, französische und spanische Fürsten um die deutsche Königskrone, da diese ihnen die Anwärterschaft auf die Kaiserwürde sicherte. Zwischen 1257 und 1273, in der Zeit des Interregnums, fehlte in Deutschland überhaupt eine handlungsfähige Zentralgewalt, und die Fürsten konnten deshalb den Ausbau ihrer territorialen Landeshoheit betreiben. Als danach mit Rudolf von Habsburg wieder ein deutscher König den Thron bestieg, mußte er zunächst seine Herrschaft gegen König Ottokar von Böhmen in erbitterten Kämpfen zwischen 1276 und 1278 und manch andere Widerstände durchsetzen. Rudolfs Macht beruhte auch in der Folge nicht auf einem einheitlichen Reich, sondern auf seiner habsburgischen Hausmacht, also den Ländern, über die er als Territorialherr gebot und deren Ausbau er beträchtlich vorantrieb.

Wenn auch unter schwierigen Bedingungen – 1226 war der erste deutsche Städtebund zwischen Mainz, Bingen, Worms, Speyer, Frankfurt am Main, Gelnhausen und Friedberg auf Anordnung Heinrichs (VII.) aufgelöst worden, 1231 hatte der Wormser Fürstenspruch städtische Einigungen und Bündnisse verboten, 1232 mußten die Mainzer Bürger auf Befehl des Kaisers ihr Rathaus, das Wahrzeichen städtischer Freiheit, niederreißen – erstarkten die Städte. Was ihnen eine schwache Zentralgewalt nicht geben konnte, suchten sie, trotz fürstlicher Verbote, sich in Städtebünden selbst zu schaffen. Welche Macht diese schließlich erlangten, wird am Beispiel der Hanse offensichtlich.

Bei der wirtschaftlichen und politischen Zersplitterung des Reiches konnte es kaum zur Ausbildung einer einheitlichen Bauschule kommen.

Köln, Stiftskirche St. Aposteln
Choransicht

1192 wurde nach einem Brand der Dreikonchenchor begonnen, 1219 war der Umbau des Langhauses vollendet. Der Chor zeigt eine ausgeprägte Tendenz zur Einheit des Baukörpers als Hülle eines zentralen Raumbeckens.

Jede deutsche Landschaft erhielt ihr eigenes architektonisches Gesicht, und die großen Werke der Baukunst waren Einzelleistungen, die außerhalb größerer Schulzusammenhänge stehen, auch wenn sie natürlich Anregungen aus unterschiedlichen Richtungen aufnahmen und verarbeiteten. Sie selbst wirkten dann als Vorbilder für die sie umgebende Landschaft. Nur die Mönchsorden, zuerst die Zisterzienser, dann die Bettelorden lassen in ihren Kirchenbauten so etwas wie eine Schule erkennen.

Mitte des 13. Jahrhunderts war die Entwicklung der Baukunst in Deutschland in ein neues Stadium getreten; das Verständnis für den konstruktiven Sinn und die künstlerische Wirkung nordfranzösisch-gotischer Formen war vorhanden, der Zeitverlust in der Stilentwicklung aufgeholt und das unmittelbare Anknüpfen an die nordfranzösischen Kathedralen nunmehr möglich.

Die deutsche Spätromanik zeigte bereits Tendenzen, an die die Gotik anknüpfen konnte. So waren manche technischen Voraussetzungen wie Kreuzrippe und Spitzbogen schon bekannt, deshalb auch konnten französische Bauten anregend wirken. Bei **Kölner Kirchen**, z. B. am Chor von **St. Aposteln**, wird die Wand in der Fensterzone in zwei Schichten zerlegt – eine äußere mit den Fernstern, eine innere von Arkaden aufgebrochene –, zwischen die ein Laufgang gelegt ist. Die Ähnlichkeit zu Lösungen in normannischen Kirchen des 11./12. Jahrhunderts ist überraschend, denn in durchaus vergleichbarer Weise wird die Wand aufgelockert. Zugleich zeigt der Chor von St. Aposteln das Bestreben, mit Hilfe des Dreikonchenchores innen ein zentrales Raumbecken, außen einen geschlossenen Baukörper zu schaffen. Treppentürme verschleifen den Richtungsgegensatz zwischen den kurzen Querarmen, die zweigeschossige Blendgliederung, der Plattenfries und die Zwerggalerie betonen dieses Bemühen um einen geschlossenen Block.

Oberollendorf, Chorruine der ehemaligen Zisterzienserabtei Heisterbach

1189 von Clairvaux aus gegründet, 1202 Baubeginn, 1227 Weihe von Chor und Querhaus, 1237 Schlußweihe, 1878/97 Chorruine restauriert. Der Bau verbindet sehr eigenwillig niederrheinisch-kölnische Traditionen mit gotischen Anregungen und Baugewohnheiten der Zisterzienser.

Limburg/Lahn, Stiftskirche
Innenansicht

Der vierzonige Aufbau mit Arkaden, Emporen, Triforium und Fenstergaden und das sechsteilige Rippengewölbe lassen nordfranzösisch-frühgotische Einflüsse erkennen.

Das Eindringen der französischen Gotik

Limburg/Lahn, Stiftskirche St. Georg
Ansicht von Westen

911 wurde das Hochstift gegründet, 1215/20 beginnt der Kirchenneubau, der 1235 geweiht, aber erst Mitte des 13. Jh. vollendet wurde. Die kreuzförmige Basilika nimmt in Gliederung und Formensprache gotische Elemente auf.

Bei dem Chor der ehemaligen Zisterzienser-Klosterkirche **Heisterbach** ist die Apsis über einer Sockelmauer, die zugleich Chorschranke ist, in spitzbogige Arkaden aufgelöst. Säulenpaare, die inneren Säulen auf der Schranke, die zum Umgang hin auf eigenen Stützsäulen stehend, tragen den Lichtgaden, dessen Wand zweischalig ist. Vor einem Laufgang nehmen schlanke Säulen die gestelzten Rundbögen und die Anfänger des siebenkappigen Gewölbes mit den rippenartig betonten Graten auf. Das im benachbarten Köln verbreitete Motiv einer zweischaligen Wandbildung begegnet uns auch hier. Um das Chorhaupt ist ein schmaler Umgang geführt, dem rundbogige Kapellen angefügt sind. Auch über dem Kapellenkranz ist die Wand zweischalig, mit frei stehenden Säulchen vorn und Fenstern in der Außenwand.

Die kreuzförmige Basilika der Stiftskirche **St. Georg in Limburg an der Lahn** besitzt nur ein sehr kurzes Langhaus von vier Arkaden unter zwei quadratischen sechsteiligen Gewölben. Im Osten schließen an das Querhaus mit einer in einem achteckigen Turm über Trompen sich öffnenden Vierung der Umgangschor an, im Westen liegen zwischen einem Turmpaar Vorhalle und Empore. Der Aufbau ist vierzonig: Über den Erdgeschoßarkaden erhebt sich eine Empore, darüber folgt ein Triforium und schließlich unter dem Schildbogen der sechsteiligen Rippengewölbe die Fenster. Die vertikale Gliederung mit Vorlagen und Diensten ist auffallend kräftig. Nordfranzösische Einflüsse aus dem Umkreis von Laon und Noyon sind spürbar. Außen wird der Bau von sieben Türmen überragt, an der Westfassade erscheinen – gleichsam entgegen dem Bauverlauf – in den unteren Geschossen die jüngeren, spitzbogigen Formen, in den oberen die rundbogigen.

Zu den der Spätromanik immanenten Tendenzen, etwa zur Wanddurchbrechung und Raumverschmelzung, kamen bald aus Frankreich übernommene Einzelformen hinzu, vom vierzonigen Wandaufbau über sechsteilige Gewölbe und Triforien bis zur Anordnung der Türme und Kapitell- und Ornamentformen; vor allem der dekorative Formenschatz der Spätromanik bereicherte sich so. Dabei wurde der Stil immer malerischer, die optische Belebung, die mit Licht und Schatten, nicht aber mit tastbaren Werten rechnet, und die Bereicherung des Formenapparates standen im Vordergrund. Für ihre weitere Entwicklung bedurfte die deutsche Baukunst einer neuen körperlich-plastischen Verfestigung und einer neuen Raumauffassung.

Zum ersten Male folgte der **Neubau des Magdeburger Domes** einem gotischen Kathedralplan. Nach einem Brand 1207 ließ Erzbischof Albrecht II. im Jahre 1209 den Neubau seiner Bischofskirche nach dem Vorbild der großen Kathedralen, die er während seines Studiums in Frankreich kennengelernt hatte, beginnen. Er setzte sich damit über den Willen des Domkapitels und der Bürgerschaft hinweg, die eine

Wiederherstellung des traditionsreichen ottonischen Domes wünschten. Im Motiv des Chorumganges mit Kapellenkranz, der engen Pfeilerstellung im Chorhaupt und der Chorempore, dem sogenannten Bischofsgang, ist der erste, französisch bestimmte Plan deutlich erkennbar. Die Bauleute aber, über die der Erzbischof verfügen konnte, waren westfälische, mittel- und niederrheinische sowie niedersächsische Steinmetzen, denen das volle Verständnis für gotische Konstruktion und Gestaltung fehlte. So erheben sich zwar Chorumgang und Kapellen über einem gotischen Kathedralgrundriß, sind aber in überwiegend spätromanischen Formen ausgeführt.

Da, wo in französischen Kathedralen schlanke Säulen die Arkaden des Chorumganges tragen, stehen hier mächtige, gedrungene Gliederpfeiler unter schweren Gurtbögen. Die Wölbung ist als Gratgewölbe ausgeführt, die Kapitelle ziert reichste spätromanische Ornamentik. Die Kapellen sind zunächst über einem Halbkreis begonnen, erst im Bauverlauf wurden sie dann in polygonaler Brechung aufgeführt. Außen wird deutlich, wie der Baumeister die Mauermassen reduzieren wollte, er erreichte aber nur eine Zerlegung der Wand in mehrere Schichten und machte dafür deren Stärke gleichsam für das Auge meßbar.

Die Chorempore, der Bischofsgang, zeigt im Vergleich zu Chorumgang und Kapellenkranz deutliche Fortschritte in der Aufnahme und verständnisvollen Verarbeitung gotischer Formen. Dies ist der hier tätigen zisterziensischen Bauhütte zu danken, die von **Kloster Maulbronn** herkam, auch im Kloster Walkenried arbeitete,

Magdeburg, Dom St. Moritz und Katharina
Grundriß

937 gründete Otto I. das Moritzkloster in Magdeburg, 968 stiftete er das Erzbistum. Den kostbar ausgestatteten Dom beschädigte ein Brand 1207. Am Karfreitag 1209, am 20. 4., wurde der Grundstein zum Neubau von Erzbischof Albrecht II. von Kefernburg gelegt. Der Grundriß nach einem französischen Plan orientierte sich am Grabe Kaiser Ottos I. und weicht deshalb in seiner Achse vom Vorgängerbau ab. 1266 war der Hochchor vollendet, nach einem Planwechsel führte ab 1274 Meister »Bonensac« den Bau mit doppelter Arkadenweite und verbreiterten Seitenschiffen weiter. 1363 erfolgte die feierliche Weihe des Langhauses. Zwischen 1476 und 1493 entstand der Westbau, und 1520 vollendete Bastian Binder die Westtürme.

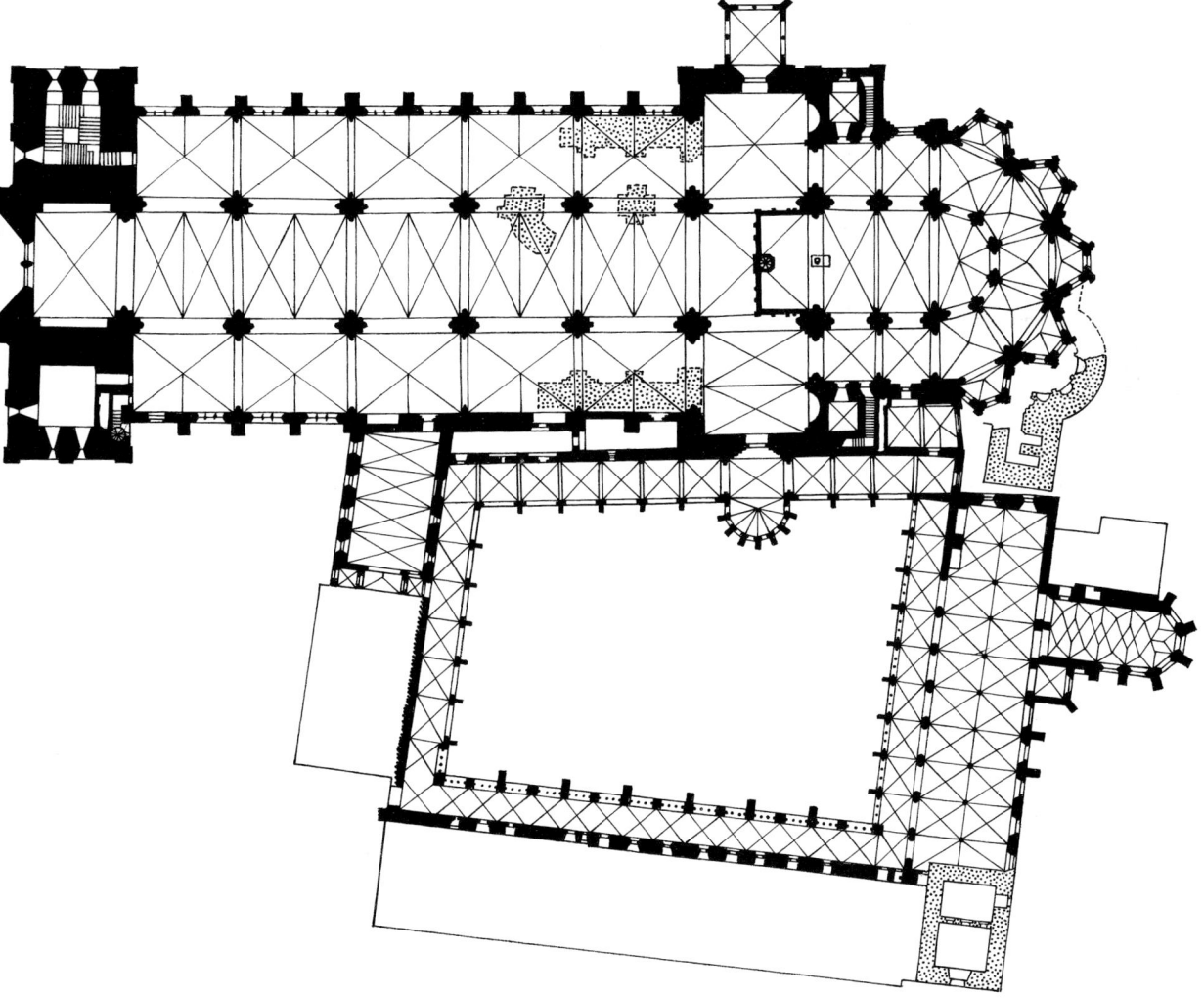

Das Eindringen der französischen Gotik

Magdeburg, Dom
Chor von Südosten

Der zwischen 1209 und 1266 entstandene Chor zeigt in klarer Staffelung Kapellenkranz (bis 1220), Chorempore (bis 1232) und Hochchor.

und bereits Erfahrungen mit dem gotischen Gliederbau und der Kreuzrippenwölbung besaß. Die Konstruktion der Gewölbe über Rundbögen mit geraden Scheiteln führt zu unterschiedlich hohen Ansätzen der Kämpfer, die zu »springen« scheinen. Der so entstehende Eindruck von Dynamik wird durch die Schaftringe der in die Fensterlaibungen eingestellten Säulen und die aus dem Zentrum der Gewölbefelder verschobenen Schlußsteine verstärkt. Die Unsicherheit im Umgang mit gotischen Formen und in der Beherrschung der Rippenwölbung zeigen die außen vorgelegten Strebepfeiler, von denen jeweils der in der Mitte einer Polygonseite über dem Gewölbescheitel und gleichsam auf der Dachspitze angeordnete Pfeiler kaum Schub ableiten kann, sondern um einer ausgewogenen Gliederung willen an dieser Stelle angebracht wurde.

Zwischen den Arkaden des Chorumganges und denen des Bischofsganges sind in den Hochchor einige jener spätantiken Säulen eingestellt, die Otto der Große für seinen Dom aus Ravenna nach Magdeburg geholt hatte, gleichsam um diesen in die Traditionen römischen Kaisertums und germanischen Königtums zu stellen. Der Chor, der so überraschend über gotischem Plane

Magdeburg, Dom
Bischofsgang

Die Chorempore in ihren frühgotisch-zisterziensischen Formen wurde noch unter Erzbischof Albrecht II. (1205/32) aufgeführt. Im Chorhaupt wurden die spätantiken Säulen eingefügt, die er als Spolien aus dem ottonischen Bau übernahm.

Magdeburg, Dom
Chorumgang

Den Fortgang des Neubaus verzögerten kriegerische Auseinandersetzungen zwischen 1212 und 1215. Der in spätromanisch wirkenden Formen über gotischem Plane entstandene Chorumgang mit seinen Kapellen und dem reichem Kapitellschmuck dürfte um 1220 fertig gewesen sein.

in den unteren Geschossen an altertümlich wirkenden, schweren Formen festhält, liegt ein vom Bauherrn genau durchdachtes Programm zugrunde, das sein Zentrum in dem Sarkophag Kaiser Ottos I. zwischen zwei antiken Säulen im Chore hat. Um dieses Grab, das auch in der Liturgie der Kathedrale eine Rolle spielte, sollte gleichsam eine ähnliche kaiserliche Grabkirche entstehen, wie sie sich Karl der Große in Aachen von seinem Baumeister Odo von Metz hatte bauen lassen. Auf Aachen verweist die Erinnerung an einen Zentralbau, die das Chorhaupt wachruft, die Empore, die mächtigen, so charakteristisch gebildeten Pfeiler, die zur Schau gestellten antiken Spolien und eben das Kaisergrab. Mit dieser Aachen-Rezeption will sich das Magdeburger Erzstift als kaiserliche Gründung ausweisen und damit auch in der Zeit des Neubaus seinen Rang betonen, gegenüber den mit der Kurwürde begabten Erzbistümern im Westen des Reiches wohl ebenso wie den um die deutsche Königskrone streitenden Staufern und Welfen.

Die Fortschritte in der Anwendung gotischer Konstruktionen und Formen beim Bau des Bischofsganges waren einer Bauhütte der Zister-

Das Eindringen der französischen Gotik

zienser zu danken. Die Mönche dieses, 1098 durch Robert von Cîteaux gegründeten und sich rasch in ganz Europa ausbreitenden Ordens, leisteten Pionierarbeit bei der Einführung des neuen Stils. Die Zisterzienser, deren Orden aus der benediktinischen Kongregation von Cluny hervorgegangen war und gegen die Verweltlichung des Mönchstum erneut in Askese vor der Welt in Einöden floh, leisteten Vorbildliches bei der Rodung von Wäldern und Trockenlegung von Sümpfen, der Kultivierung des Bodens und der Beförderung der Landwirtschaft. Nicht zuletzt deswegen waren Klöster den Stiftern und Landesherren so erwünscht. Seine Verfassung hatte der Orden durch Abt Stephan Harding erhalten, und im 12. Jahrhundert wurde er besonders durch die Persönlichkeit des heiligen Bernhard von Clairvaux geprägt. Er war streng monarchisch organisiert, die Äbte der Mutterklöster visitierten die Tochtergründungen, und über allem stand das Generalkapitel, zu dem sich jährlich die Äbte versammelten und das mit seinen Beschlüssen über die Ordensregel hinaus das Zusammenleben der Mönche, die Ordnung im Kloster, ja auch das Bauwesen bestimmte.

Die Bauordnungen bestanden im wesentlichen aus Verboten. Alles, was im Gegensatz zu Armut und Demut stand, war untersagt: so Türme, nur ein hölzerner Dachreiter war erlaubt,

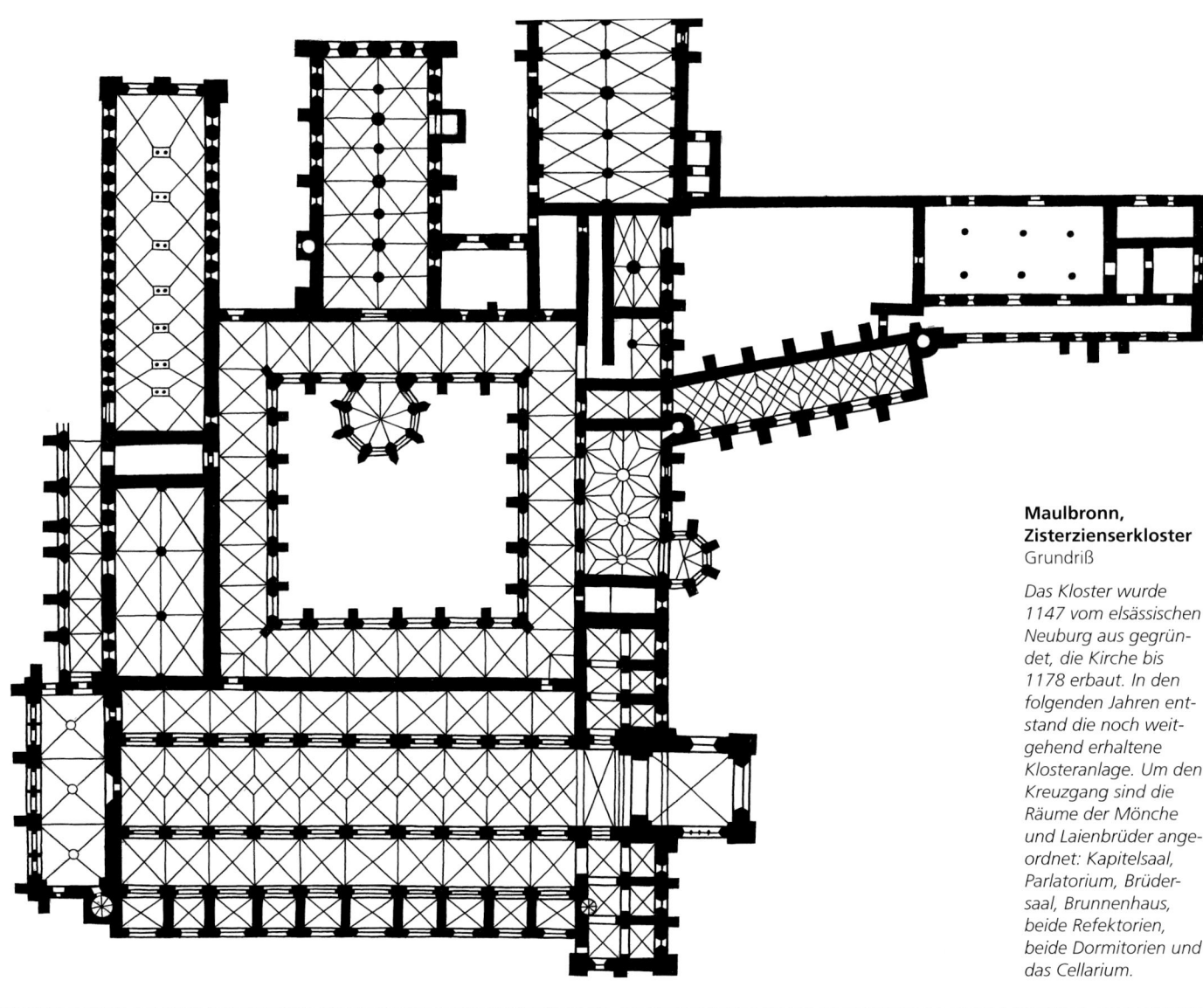

Maulbronn, Zisterzienserkloster
Grundriß

Das Kloster wurde 1147 vom elsässischen Neuburg aus gegründet, die Kirche bis 1178 erbaut. In den folgenden Jahren entstand die noch weitgehend erhaltene Klosteranlage. Um den Kreuzgang sind die Räume der Mönche und Laienbrüder angeordnet: Kapitelsaal, Parlatorium, Brüdersaal, Brunnenhaus, beide Refektorien, beide Dormitorien und das Cellarium.

**Maulbronn,
Zisterzienserkloster**
Herrenrefektorium

Etwa 1220/25 entstand der Speisesaal der Konventualen (Vollmönche). Der Raum ist einer der schönsten der Stauferzeit.

scheitel errichtete, ohne den Spitzbogen zu verwenden. Die einzelnen Bögen haben deshalb unterschiedliche Kämpferhöhen, die Kämpfer »springen«, wodurch der Raum eine starke Dynamik erhält.

Eine besondere Vermittlerrolle spielte das **Kloster Maulbronn**, das in seiner ganzen Anlage noch weitgehend erhalten ist. Für die Einführung der Gotik war besonders jene Bauhütte von Bedeutung, die die Vorhalle der Kirche, Herrenrefektorium und Teile des Kreuzganges errichteten. Bei der Vorhalle, in der eben jene genannte Art der Wölbung zu sehen ist, die dann auch der Bischofsgang des Magdeburger Domes erhielt, beeindruckt die Öffnung der Fassade in große Fenster und ein Doppelportal über sehr schlanken Säulen. Das Herrenrefektorium, der Speisesaal der Konventualen, der dem Konvent angehörenden Vollmönche im Gegensatz zu den Konversen, den Laienbrüdern, die das Kloster zur Erledigung der körperlichen Arbeit brauchte, die ihr eigenes Refektorium ebenso wie ein eigenes aufwendiger Bauschmuck – die reiche Bauornamentik hat der heilige Bernhard besonders gegeißelt –, farbige Glasfenster und Bilder. Dafür zeichnen sich die Kirchen meist durch sorgfältigen Quaderbau und gute Proportionen aus. Im Rahmen des von den Beschlüssen der Generalkapitel erlaubten Formen griffen die Zisterzienser auch die Frühgotik auf und paßten sie ihren Bedürfnissen an. Zum Beispiel fingen sie die Dienste in der Höhe der Langhausarkaden auf Konsolen ab, um so einen guten Rückenhalt für ihr weit in das Langhaus gezogenes Chorgestühl an den nun glatten Pfeilerstirnen zu finden. Aus ihrem Stammland Burgund brachten die Mönche frühgotische Formen nach Deutschland mit. Zwar hemmte ihre Neigung zur Reduktion – eine Wurzel der deutschen Sondergotik – den Einfluß der nordfranzösischen Hochgotik, dafür aber verbreiteten sie das Verständnis für die gotische Gewölbekonstruktion. Außerhalb der Klöster, wie zum Beispiel in Maulbronn und Ebrach, arbeiteten sie an bedeutenden Bauten mit; in Bamberg, Nürnberg, Magdeburg, Halberstadt, Arnstadt und Mühlhausen sind sie nachzuweisen. Eine Eigenart einer ihrer Bauhütten war es, daß sie Kreuzrippengewölbe mit geradem Gewölbe-

**Maulbronn,
Zisterzienserkloster**
Vorhalle

Der Raumeindruck wird bestimmt von den springenden Kämpfern der über dem Rundbogen mit geradem Scheitel ausgeführten Kreuzrippengewölbe. Diese Art der Wölbung ist charakteristisch für diese Hütte.

Das Eindringen der französischen Gotik

Bamberg, Dom St. Peter und Georg
Ansicht

1007 wurde das Bistum von Kaiser Heinrich II. und seiner Gemahlin, der heiligen Kunigunde, gegründet. Nach dem Brand von 1185 erfolgten Ausbesserungsarbeiten, nach 1215 der vollständige Neubau. Bis etwa 1225 unter oberrheinisch-burgundischem Einfluß die Ostteile, bis etwa 1230 bauen zisterziensische Werkleute die Westteile, ab 1232 nordfranzösisch geschulte Bauleute Westchor und Westtürme, die auf das Vorbild von Laon zurückgehen. 1237 Schlußweihe.

Dormitorium, einen Schlafsaal, hatten, ist einer der schönsten Räume der Stauferzeit; gerade der weitgehende Verzicht auf Schmuck läßt den Raum zu vollkommener Wirkung gelangen. Es ist eine zweischiffige Halle, in der kräftige und schlankere Rundpfeiler die sechsteiligen Rippengewölbe tragen. Die Dienste an den Wänden sind nach zisterziensischer Art auf Konsolen abgefangen.

Die Zisterzienser, deren Bauhütten sich auch die Bischöfe gern für ihre Dombauten bedienten, waren ein entscheidender Faktor bei der Einführung der Gotik in Deutschland, neben der geographischen Nähe der westdeutschen Landschaften und den der Spätromanik selbst innewohnenden Tendenzen und dem Willen einzelner Bauherrn, die, wie der Magdeburger Erzbischof Albrecht, mit ihrem Neubau bestimmten Vorbildern nachfolgen wollten.

Die in Magdeburg geplanten Querhaustürme weisen, wie manches andere Detail auch, auf die Kathedrale von Laon.

Deren Türme wurden auch Vorbild für die Westtürme des Bamberger Domes. In **Bamberg** war zunächst mit oberrheinischem und burgundischem Einfluß ein Neubau mit den Ostteilen begonnen worden, danach errichteten dann nordfranzösisch geschulte Werkleute Westchor und Westtürme; diese folgen in ihrem achteckigen Aufbau und mit den über den Ecken der quadratischen Untergeschosse aufgeführten Tabernakeln ganz eindeutig dem Vorbild der Türme der Westfassade der Kathedrale von Laon. Von Bamberg übernahm der **Naumburger Dom** das Turmmotiv für seine Westtürme. Der Naumburger Bischof Engelhard (1207 bis 1242) war mit seinem Bamberger Amtsbruder befreundet. Nachdem der spätromanische Neu-

Naumburg, Dom
Westlettner

Der Lettner, Schranke zwischen Chor und Gemeindehaus und Bühne zugleich, bietet über einer Blendgliederung Reliefs mit Szenen aus der Passion Christi. Die Kreuzigungsgruppe, ganz menschlich aufgefaßt in Leid und Klage der Figuren, ist von der Höhe des Triumphbalkens auf die Erde herabgeholt.

Das Eindringen der französischen Gotik

Naumburg, Dom
Kapitelle vom Westlettner

Die natürlichen Pflanzen in der Ornamentik des Westchors gehören alle der Flora des Domfelsens an.

bau von Ostchor und Langhaus 1242 mit einer Weihe einen vorläufigen Abschluß gefunden hatte, wurde der Westchor mit seinem Nordturm errichtet, der südliche Turm wurde erst nach 1894 ausgebaut.

Der Westchor, ein Saalchor, der nicht dem Plan des französischen Kathedralchores mit Umgang und Kapellenkranz folgt, sondern in heimischer Tradition steht, zeigt eine klare frühgotische Struktur. Über einem Sockel umzieht ein Laufgang das Polygon, der zwischen den hohen, in den Zwickeln mit frühem Maßwerk gefüllten Fenstern durch die hier zweischalige Wand geführt ist. An den Langchorwänden gliedern in zwei Zonen Blendarkaden die Wand, die Bögen der unteren Reihe, die das Dorsale bildet, werden von Baldachinen mit Architekturmotiven überfangen. Bündel von jeweils drei Diensten tragen Bögen und Rippen der Gewölbe. In Höhe des Laufganges sind den Diensten auf Konsolen und unter Baldachinen die Stifterfiguren vorgestellt. Kapitelle und Schlußsteine zeigen Pflanzenornamentik von überraschender Natürlichkeit, die aber in ihrer Komposition strenger geometrischer Ordnung folgt. Den Westchor grenzt gegen das Langhaus ein Lettner ab, zu dessen Bühne im Chor zwei Treppen führen. Zum Schiff hin zeigt er eine feine architektonische Gliederung zu seiten des Doppelportals, an dessen Mittelpfeiler der Gekreuzigte dargestellt ist, dem in den Portalgewänden die trauernden Gestalten von Maria und Johannes zugeordnet sind; im Vierpaß darüber erscheint Gott Vater zwischen zwei Engeln. Über der Arkadengliederung wird auf Reliefs sehr realistisch die Passion Christi erzählt.

Der Westchor des Naumburger Domes trat an die Stelle einer bereits 1021 erwähnten Marienstiftskirche, die die Grabkirche der Eckehardinger, der ersten Markgrafen von Meißen, war. Die Stiftsherren des Marienstiftes hatten auch die Aufgabe des ewigen Totengedenkens und der Fürbitte für die ersten Stifter. So sind wohl die Figuren des Westchores gleichsam eine Stellvertretung der Verstorbenen und ihrer Grablegen im Bilde und eine Mahnung zu ewigem Gedenken. Die Stifterfiguren sind lebensgroße Idealdarstellungen der einstigen Wohltäter des Bistums Naumburg, sie bilden gewissermaßen einen »Ersatz« für die beim Neubau aufgehobe-

Naumburg, Dom
Stifterfiguren im Westchor

Der frühgotische Chor mit seinen berühmten Stifterfiguren erhebt sich anstelle der um 1021 erwähnten Marienstiftskirche, der Grabkirche der Eckehardinger, der ersten Markgrafen von Meißen. Er ist das Werk des sogenannten Naumburger Meisters und seiner Hütte.

Die Gotik in Deutschland

Naumburg, Dom St. Peter und Paul
Ansicht von Südosten

1028 wurde das von Kaiser Otto I. gegründete Bistum von Zeitz nach Naumburg verlegt. Den Neubau begann Bischof Engelhard (1207/42), 1242 erfolgt eine vorläufige Weihe des Langhauses, nach 1249 entstanden der Westchor mit seinen Bildwerken, das Polygon des Ostchores nach 1330. Die Westtürme verweisen auf Bamberg und darüber hinaus auf Laon.

Das Eindringen der französischen Gotik

nen Grablegen. Gewöhnliche Sterbliche, keine Heiligen oder auch nur Kleriker, im Allerheiligsten fast in Lebensgröße dargestellt zu sehen, ist überraschend und ungewöhnlich; wie die Glasmalereien der Chorfenster waren auch diese Figuren Teil eines umfassenden theologischen Programms, dessen Deutung verschiedentlich versucht wurde. Sie sind von andringender Lebensnähe und körperlicher Wucht. Die Reliefs des Lettners zeigen den gleichen ausgeprägten Realismus der Darstellung. Die Passionsszenen sind in ganz neuer Weise geistig durchdrungen und werden in einer volkstümlich-erzählenden Weise vorgetragen. Die Kreuzigung Christi, einst hoch über den Häuptern der Gläubigen auf dem Triumphbalken, ist nun herabgeholt; im Lettnerdurchgang wird sie zum Gegenüber des Menschen. Reiche, der Natur abgesehene Schmuckformen beleben Kapitelle und Schlußsteine. Über der ganz natürlichen Bildung von Pflanzen, Blüten und Früchten ist der Sinn für strenge Ordnung und Komposition nicht zu übersehen. Diese Bildwerke, die Stifterfiguren im Westchor, die Reliefs des Westlettners, der ornamentale Schmuck der Kapitelle, Konsolen, Baldachine und Schlußsteine waren von jeher der besondere Ruhm des Naumburger Domes, der ihnen ein angemessenes Gehäuse war.

Architektur und Bildwerke sind Schöpfungen des sogenannten Naumburger Meisters und seiner Hütte, deren Weg über den Dom von Mainz, über Metz und Noyon bis Reims und Amiens zurückzuverfolgen ist, und die zum Teil später in Meißen arbeiten sollten.

Noch vor Mitte des 13. Jahrhunderts wurde der Grundstein zu den ersten rein gotischen Kir-

Marburg, St. Elisabeth
Ansicht von Südosten

Der Dreikonchenchor ist wie das Langhaus durch kräftige Strebepfeiler, zwischen denen in zwei Zonen angeordnete frühe Maßwerkfenster stehen, gegliedert.

Marburg, St. Elisabeth
Mittelschiff nach Osten

Rundpfeiler mit vier Diensten tragen über Laubkapitellen die Kreuzrippengewölbe. Die Formen entsprechen etwa der Stilstufe des Chorumgangs der Kathedrale von Reims.

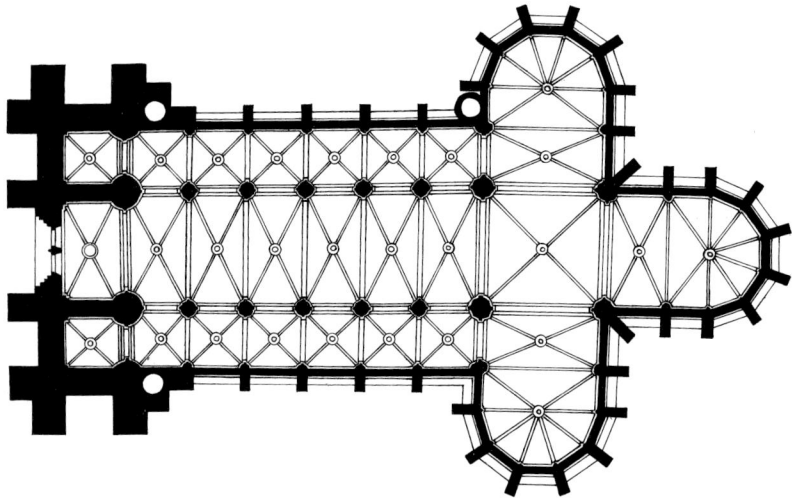

Marburg, St. Elisabeth
Grundriß und Querschnitt durch Mittelschiff und Seitenschiffe

1235, nach der Heiligsprechung Elisabeths, Landgräfin von Thüringen, wird die ihr geweihte Deutschordenskirche als Halle begonnen. 1249 war der Dreikonchenchor vollendet, 1283 Schlußweihe.

chenbauten auf deutschem Boden gelegt: zur Elisabethkirche in Marburg (1235–1283) und zur Liebfrauenkirche in Trier (1242–1253).

Die **Elisabethkirche in Marburg**, die unmittelbar nach der Heiligsprechung der heiligen Elisabeth, der Landgräfin von Thüringen, vom Deutschen Ritterorden begonnen wurde, ist eine dreischiffige Hallenkirche mit einem Dreikonchenchor. Im nördlichen der dem Chore gleichen Querarme befand sich das Grab der Heiligen, der südliche nahm später die Gräber der Landgrafen von Hessen auf. Die Westfront bildet eine Doppelturmfassade, das Motiv der Turmgliederung mit Strebevorlagen wird an den Langhausaußenwänden in kräftigen, durch Wasserabschläge gegliederten Strebepfeiler fortgeführt. Die Fenster zeigen ganz frühes Maßwerk der Stilstufe der Reimser Chorkapellen mit einem einfachen Kreis im Zwickel, nur die Fenster im Chorpolygon haben einen Sechspaß eingeschrieben.

Der Grundriß ist in queroblonge Joche im Mittelschiff und quadratische in den Seitenschiffen, also nach der gotischen Travée geteilt. Die Struktur der durch zwei Fensterzonen gegliederten Wand ist ebenso klar und durchsichtig wie die der Rundpfeiler mit ihren vier Diensten und der Kreuzrippengewölbe. Von den Kapitellzonen der Pfeiler abgesehen ist der Bauschmuck zurückhaltend, prachtvoll aber sind die farbigen Fenster im Chore. Französische Anregungen, vor allem von Reims und Soissons her, waren wirksam. Sie führten bei der Elisabethkirche zu den streng geformten Strebepfeilern des Äußeren und dem klar durchgebildeten System im Innenraum, die dem Bauwerk einen betonten Vertikalrhythmus verleihen.

Die **Liebfrauenkirche in Trier** zeigt am Außenbau noch immer ein fast romanisch anmutendes Streben nach einer eindrucksvollen Massengruppierung, die im quadratischen Vierungsturm gipfelt; die Nachbarschaft der frühromanischen Domfront und eine nicht zu leugnende Rivalität mögen dabei nicht ohne Einfluß gewesen sein. Auch die Fenster des Vierungsturmes zeigen eine auffällige Betonung der Rundbögen.

Trier, Liebfrauenkirche
Grundriß

Die Liebfrauenkirche hat sich vom Grundriß der konstantinischen Vorgängerbauten gelöst und wurde 1242–1253 über dem griechischen Kreuz als Zentralbau aufgeführt.

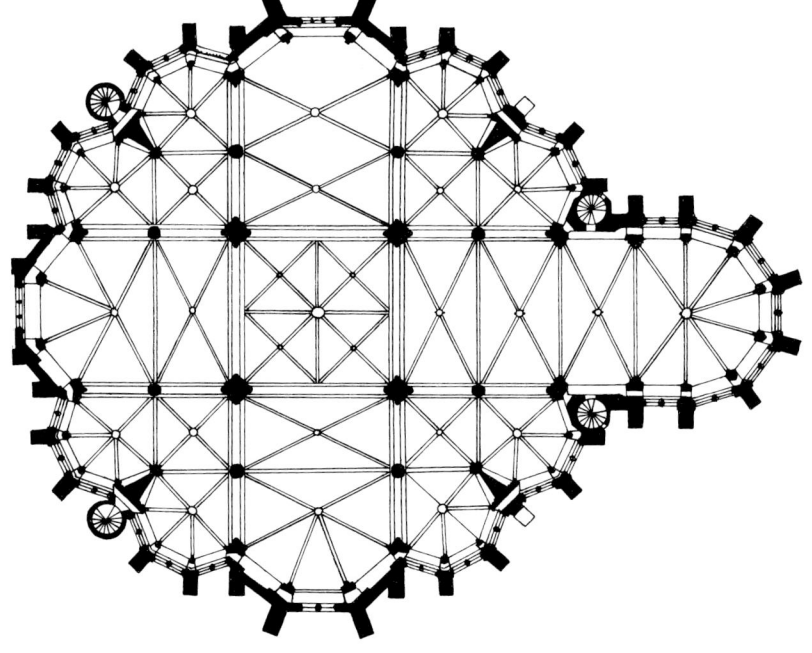

Die Gotik in Deutschland

Die Liebfrauenkirche ist überraschenderweise ein Zentralbau. Der aus dem griechischen Kreuz entwickelte Grundriß erscheint wie die Verdoppelung eines Chorgrundrisses, Vorbild war wohl St. Yved in Braisne. Die Aufteilung des Grundrisses erfolgt nach der gotischen Travée. Das Prinzip gotischer Division ist bei der Durchbildung des Planes ebenso streng eingehalten wie bei der Entwicklung des Aufrisses. Im Aufbau hat die Liebfrauenkirche trotz des zentralen Grundrisses die Struktur einer Basilika, das Mittelschiff überragt in Langhaus, Querhaus und Chor die niedrigeren Seitenschiffe um einen Lichtgaden. Auf ein Triforium ist allerdings verzichtet; da wo die Seitenschiffdächer anfallen, sind die Fenster als Blendformen bis zur Höhe der Sohlbänke der Fenster des Chorpolygons herabgeführt. Trotzdem aber erscheint das Kontinuum der Wand aufgelöst, der Raum wirkt hell und durchsichtig. Dienst- und Gewölbebildung, Kapitelle und das Fenstermaßwerk verweisen auf die erste Stilstufe von Reims.

Mit diesen beiden Bauten hatte die Gotik in Deutschland ein neues Stadium erreicht. Das volle Verständnis für den konstruktiven Sinn und die künstlerische Wirkung der nordfranzösischen Gotik war gewonnen, rasch war die Phase der Frühgotik durchlaufen und nun das unmittelbare Anknüpfen an die französische Hochgotik der Stilstufe, die mit den Kathedralen von Chartres, Reims und Amiens bezeichnet ist, möglich. Allerdings ist noch einmal zu betonen, beide Bauten sind Sonderlösungen: Die Elisabethkirche ist eine Halle mit einem Dreikonchenchor, die Liebfrauenkirche ein Zentralbau. Überblickt man im nachhinein die Geschichte der Gotik in Deutschland, so scheint darin bereits etwas ganz Charakteristisches gegeben.

Die reife Zeit der Dome

Die Kathedrale ist eine Bischofskirche; nach der Kathedra, dem Bischofsstuhl, hat sie ihren Namen. In Deutschland wird sie auch Dom oder Münster genannt. Bischofskirchen gab es früher schon und sollte es auch später noch geben, aber gerade die Gotik hat einen eigenen Typ geschaffen, der in Frankreich ein ganzes und in Deutschland ein halbes Jahrhundert das Baugeschehen bestimmte und die anderen Künste zum Gesamtkunstwerk vereinigte. Die Kathedrale ist in Deutschland im Kölner Dom am reinsten verkörpert.

Die gotische Kathedrale ist die architektonische Dominante im Stadtbild, sie beansprucht den Vorrang unter allen anderen Bauten, aber sie ist keine Gottesburg mehr. Sie steht mitten in der Stadt und lädt mit großen Portalen zum Betreten ihres festlichen Saales ein, wirbt und spricht die Menschen an. Sie anerkennt die Stadt und sucht sie zu gewinnen. In welchem Maße die Kathedrale agitatorische Aufgaben erfüllt, zeigt ihre Fassade. Diese wird zu einer Schauwand, die sich unmittelbar an die Bürger der Stadt wendet. Darin liegt etwas, was dem Mittelalter bis dahin unbekannt war: die Anerkennung des Betrachters.

In der Kathedrale ist jeder Teil des eigentlichen Erlebnisraumes dem anderen gleichwertig. Wie wenig Chor und Langhaus gegeneinander abgesetzt sind, wird darin deutlich, daß es eines neuen Elementes, des Lettners, bedurfte, um das Kapitel von der Gemeinde abzusondern. Aber der Lettner ist nicht nur Schranke, Grenze eines Abgesonderten, sondern auch Bühne, von der herab sich die Geistlichkeit an die vor dem Kreuzaltar versammelte Gemeinde wandte. Er hat nicht nur trennende, sondern auch vermittelnde Funktion. Im Trennen und im Vermitteln des Lettners ist der gleiche Widerspruch wirksam, der das ganze Kirchengebäude beherrscht als Gegensatz zwischen der in allen Teilen gleichwertigen Einheit und der eben durch den Lettner erfolgten Abtrennung eines Teils als »Kirche in der Kirche« für das feudale Domkapitel.

Die Kathedrale ist das große Gesamtkunstwerk des Mittelalters. In Chören von Engeln, Aposteln, Propheten und Heiligen, in Darstellungen des Jüngsten Gerichts und in Szenen aus dem Leben Christi, Marias und der Heiligen, in allegorischen Themen wie den klugen und törichten Jungfrauen oder Ecclesia und Synagoge gewinnt das Lehrgebäude der Kirche in Skulpturen und Glasmalereien Gestalt. Selbst die Welt des profanen Menschen fand sich in Monatsbildern in dem Programm. Symbolischer Gehalt und historisch-erzählende Darstellung bilden eine Einheit. Der Plastik gelingt ein wesentlicher Schritt zur Lösung der Figur aus Block und Mauer. Sie tritt vor die Architektur, bleibt ihr aber noch verbunden. Tabernakel, Konsolen und Baldachine schaffen den Bildwerken einen eigenen Raum.

Gleichzeitig ist allenthalben eine Hinwendung zur Natur, zur Wirklichkeit spürbar. Der Mensch selbst wird mit all seinen individuellen Zügen zum Gegenstand der Kunst. Sein Gesicht wird von innen her belebt, spiegelt sein psychisches Erleben wider. In Naumburg wurde die Kreuzigungsgruppe, die in romanischer Zeit hoch oben unter dem Triumphbogen schwebte, auf die Erde herabgeholt; Christus wurde zum leidenden Menschen, das Gesicht der Maria ist von Schmerz verzerrt.

Bei aller Naturnähe fügen sich die Bildwerke in eine Ordnung, die das Gesamtwerk ebenso beherrscht wie das einzelne Kapitell. Nicht nur die Einzelformen der Architektur dienen einem größeren Zusammenhang, auch die Bildwerke stehen im Dienste der Baukunst. Sie bezeichnen den ideellen Gehalt des Bauwerks und seiner Teile. Wenn an den Chorpfeilern zu Köln die Apostel angebracht sind, so heißt das nichts anderes, als daß diese Pfeiler anstelle der Apostel das Kirchengebäude tragen. Jede Form hat Bedeutung, Baldachine, überirdisches Licht leuchtender Wände, Farbigkeit, Durchsichtigkeit und Schwerelosigkeit, die Westfassade als »Porta

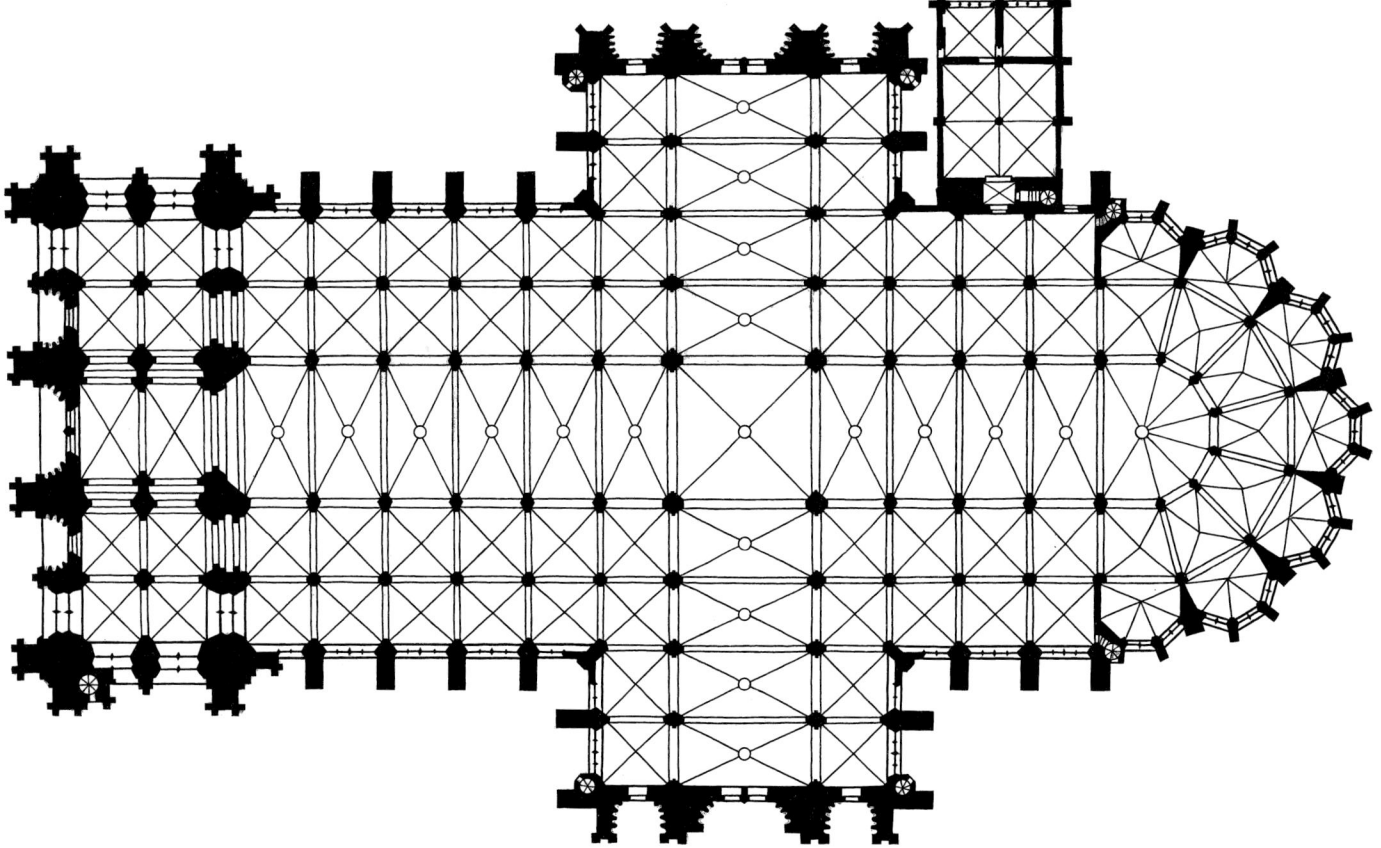

coeli« – all das zusammen ergibt ein Sinnbild des Himmlischen Jerusalem, der Himmelsstadt, der Gemeinschaft der Heiligen und der Gläubigen, des Jenseits und des Diesseits.

Die typische Ornamentform der Gotik ist das Maßwerk. In ihm, dem mit dem Zirkel »gemessenen« Schmuckwerk, wird die Neigung zu rationeller, geometrisch konstruierter Form und zu divisiver, ein gegebenes Ganzes unterteilender Gestaltung offensichtlich. Es nimmt seinen Ausgang von den Kreisen, die zuerst die Zwickel unter den großen Spitzbogen der Fenster und über den kleinen Bögen auf den Fensterpfosten füllen. Bereits in der zweiten Hälfte des 13. Jahrhunderts erfuhr es Bereicherungen und im 14. Jahrhundert, so an der Katharinenkirche in Oppenheim, bildet es große Schauwände. Von den Fenstern aus breitet es sich als Blendform über das ganze Bauwerk aus. In der Spätzeit werden Wirbelmotive und Fischblasenformen für das Maßwerk bestimmend.

Im ersten halben Jahrhundert der Gotik stehen auch die Pfarrkirchen, soweit sie bei Neubauten den älteren und einfacheren Typ des Saalbaues aufgeben, ganz im Zeichen der Kathedrale. In den Hansestädten dienten die »Bürgerkathedralen« häufig auch weltlichen Handlungen, der Rechtsprechung, politischen Versammlungen und Geschäftsabschlüssen.

Erst nach der Wende zum 14. Jahrhundert begann sich die Halle als neuer Pfarrkirchentyp durchzusetzen. Das aber schloß nicht aus, daß später auf die Basilika zurückgegriffen wurde, schon in den Abmessungen die Pfarrkirche in Konkurrenz zur Bischofs- oder Stiftskirche trat. Andererseits scheint bei der Vollendung der gotischen Pfarrkirche in den obersächsischen Hallenkirchen das Vorbild des Meißner Doms gewirkt zu haben, der ja auch eine Halle war.

In dem 1248 begonnenen **Dom zu Köln** erhielt Deutschland seine klassische Kathedrale. Der Neubau der Hauptkirche des Erzbistums, das bereits vor 313 gegründet worden war, wurde notwendig, weil ein Brand den Vorgängerbau beschädigt hatte, aber auch weil die bedeutendsten Reliquien, die in einem kostbaren Schreine bewahrten Gebeine der Heiligen Drei Könige, die Erzbischof Rainald von Dassel nach der Eroberung Mailands 1162 von Kaiser Friedrich I. Barbarossa für seinen Dom erbeten hatte, einen immer größeren Pilgerstrom anzogen. Der alte Bau genügte offenbar nicht mehr in seinen doch auch schon beachtlichen Abmessungen, vor allem aber entsprach er nicht mehr den neuen Repräsentationsansprüchen.

Köln, Dom St. Peter
Schnitt, Grundriß, Wandsystem

Das Kölner Bistum wurde bereits vor 313 gegründet, 1248 mit dem Neubau begonnen, 1322 der vollendete Chor geweiht. Die Arbeiten leitete zunächst Meister Gerard, seit 1279 Meister Arnold, dem 1308 sein Sohn Johannes folgte. Um 1350 begannen die Arbeiten am Westbau und am Nordseitenschiff unter Meister Michael von Savoyen. 1437 konnten im Südturm unter Nikolaus von Bueren Glocken aufgehängt werden. 1560 wurden die Arbeiten an der unvollendeten Kirche eingestellt. Nach den 1814 und 1816 wiederaufgefundenen originalen Baurissen wurde der Dom zwischen 1842 und 1880 vollendet.

Die reife Zeit der Dome

Der Grundriß mit fünfschiffigem Langhaus, dreischiffigem Querhaus und Kapellenumgangschor folgt ebenso wie der dreizonige Aufbau mit Arkaden, Triforium und Fenstergaden und das voll ausgebildete Strebewerk mit seinen Streben, Bögen und Fialen ganz dem Typus der hochgotischen nordfranzösischen Kathedrale. Vorbild war Amiens, obwohl nach einem Planwechsel das Langhaus fünfschiffig gebaut wurde. Der leitende Meister, Gerard, folgte in seinem Plane den am weitesten entwickelten Teilen in Amiens, dem Chor mit seinem verglasten Triforium, das nun auch in Köln zu einem zweiten Lichtgürtel zwischen Fenstern und Arkaden wurde. Der steil aufgerichtete Innenraum wird von einem mit Raumgrund hinterlegten, von farbigem Licht durchglühten Stab- und Gitterwerk umgeben, so daß er eigentlich keine Grenzen findet. Nur in den Zwickeln über den Mittelschiffsarkaden verblieb eine Restfläche der Wand.

Alle Formen lenken den Blick nach oben, über die Glaswände des Hochschiffs hinweg, die aus sich selbst heraus zu leuchten scheinen, bis in die Dunkelzone der Gewölbe. Die zwingende Logik, der gotische Werkmeister folgten, wenn sie ein Teil aus dem anderen entwickelten, so daß eines das andere vorbereitet und zugleich auch voraussetzt, wird selten so schön anschaulich wie hier in Köln bei einem Blick in den Chor, auf sein Dienstsystem, die Durchbildung der Wand und die Entwicklung der Gewölbe aus dem sie tragenden Gerüstwerk. Bei aller Anlehnung an das französische Vorbild ist im einzelnen doch deutsche Formgesinnung spürbar. Das Strebewerk des Chores, das in Frankreich ganz von der Funktion her geprägt ist und aus den notwendigen, klar gegliederten Pfeilern und eleganten Bögen gebildet wurde, ist hier von einem kaum überschaubaren Formenreichtum umspielt. Der Hang zum Dekorativen war stärker als der Wille zu rationeller Konstruktion, und diese Freude am Spiel mit der vom Zweck befreiten Form wird in der deutschen Baukunst immer wieder zu beobachten sein.

1322 konnte der Chor, dessen Bau nach Meister Gerard seit 1279 Meister Arnold leitete, geweiht werden. Um 1350 begannen die Arbeiten am Westbau und dem Nordseitenschiff unter Meister Michael von Savoyen. 1437 konnte

Die Gotik in Deutschland

Köln, Dom
Westfassade

Die im 14. begonnene und im 19. Jh. fertiggestellte Doppelturmfassade spiegelt mit ihrer Dreiportalanlage in den beiden unteren Geschossen die Fünfschiffigkeit wieder.

Köln, Dom
Innenansicht nach Osten

Der steil aufgerichtete Innenraum wird in seiner Wirkung bestimmt von der dichten Folge gerundeten Stabwerks, das mit dunklem Raum- oder farbigem Lichtgrund hinterlegt ist.

Die reife Zeit der Dome

Köln, Dom
Chorhochwand

Über den hohen, schlanken Arkaden zum Chorumgang bilden das verglaste Triforium und die Fenster eine von dünnem Stabwerk gegliederte und von farbigem Licht durchglühte Wand.

Die Gotik in Deutschland

Nikolaus von Bueren Glocken im Südturm aufhängen. 1560 stellte man die Bauarbeiten ein; der Kran blieb ein Wahrzeichen Kölns.

Mit dem Kölner Dombau hatte für Deutschland die Zeit der großen Kathedralen begonnen. Das Straßburger Münster erhielt sein Langhaus, in Magdeburg schritten die Arbeiten voran, in Halberstadt baute man nach nordfranzösischen Vorbildern die westlichen Langhausjoche. In Meißen und Regensburg setzten die Arbeiten ein, und auch im Backsteingebiet im Norden, in Schwerin, entstand eine gotische Kathedrale.

Nachdem die Ostteile des **Straßburger Münsters** in der ersten Hälfte des 13. Jahrhunderts zunächst noch in romanischen, danach in frühgotischen Formen errichtet worden waren, folgte das zwischen 1250 und 1275 aufgeführte Langhaus ganz der nordfranzösischen Kathedralgotik auf der Stilstufe von Amiens. Die Wand ist aufgelöst, das Triforium verglast. Der Raum aber wirkt lagernder und breiter, weite Arkaden lassen die Schiffe zu räumlicher Einheit zusammenfließen. Die Proportionen des Langhauses ergaben sich unter anderem auch daraus, daß man auf den Grundriß des ottonischen Vorgängerbaus Rücksicht nahm. Der Innenraum ist von lichter, großzügiger, beruhigter Weite, die Entmaterialisierung des Raummantels fortgeschritten.

Im Jahre 1276 begannen die Arbeiten am Westbau. In seiner Gliederung folgt er der klassischen Kathedrale. Im wesentlichen erhielt die Fassade ihre Gestalt durch einen Entwurf um 1280, den Riß B, der wohl auf Erwin von Steinbach zurückgeht. Im Jahre 1284 wird Erwin erstmals urkundlich erwähnt. Es seien hier die Worte zitiert, die der junge Goethe den Meister von seinem Werk sagen läßt: »Alle diese Massen waren notwendig ... nur ihre willkürlichen Größen hab' ich zum stimmenden Verhältnis erhoben. Wie über dem Haupteingang, der zwei kleinere zur Seite beherrscht, sich der weite Kreis des Fensters öffnet, der dem Schiffe der Kirche antwortet und sonst nur Tagloch war, wie hoch darüber der Glockenplatz die kleineren Fenster forderte, das all' war notwendig, und ich bildete es schön.« Der Mauermasse der Türme nimmt ein Gitterwerk feiner, frei vor der Wand stehender Stäbe jegliche Materialität, der Bau scheint von einer flimmernden, schwerelosen Substanz.

Nach Erwins Tode führte sein Sohn Johannes die Arbeiten weiter. Die Bauträgerschaft wurde dem Bischof von den Bürgern abgenommen. »Unserer lieben Frauen Werk«, die Dombauhütte, wurde zu einer städtischen Angelegenheit, sie mußte sich dem Rat der Stadt Straßburg gegenüber verantworten. Dieser setzte zwei Baupfleger ein, die wiederum den Werkmeister und den Schaffner einstellten. Der Schaffner hatte den inzwischen beträchtlich angewachsenen Hüttenbesitz zu verwalten, Material zu beschaffen, die Löhne auszuzahlen und die Rechnungsbücher zu führen. Die Bauarbeiten zogen sich in die Länge.

Straßburg, Münster
Allegorien der Tugenden am nördlichen Portal der Westfassade

Die Allegorien der Tugenden und Laster gehören zusammen mit den klugen und törichten Jungfrauen zum eschatologischen Bildprogramm, das auf die letzten Dinge hinweist.

Die reife Zeit der Dome

Straßburg, Münster Unserer Lieben Frauen
Die Westfassade (vor 1900)

Die Westfassade wurde ab 1276 nach dem Entwurf (Riß B) Meister Erwins (gest. 1318) errichtet. Abweichend von Erwins Plan ist das 3. Geschoß. Den Turm begann 1399 Ulrich Ensinger (gest. 1419), Johannes Hültz aus Köln vollendete ihn 1439. Der Turm war mit 142 m der höchste Kirchturm.

Ende des 14. Jahrhunderts beriefen die Bürger Straßburgs Ulrich Ensinger, den Meister des Ulmer Münsters, daß er den Bau vollende. Er errichtete den Nordturm, den nach seinem Tode im Jahre 1419 Johannes Hültz aus Köln 1439 vollendete. Die Bürger hatten beschlossen, daß sie auf einen zweiten Turm verzichten wollten, wenn nur der eine der höchste der Christenheit würde, zum Ruhme der Stadt und ihrer Bürger. Die prachtvollen Glasmalereien in den Fenstern des Straßburger Münsters haben sich in seltener Vollkommneheit erhalten. Sie prägen noch immer entscheidend das Erlebnis des Innenraumes mit. Vom einst so reichen Skulpturenschmuck aber ging viel verloren, allein während der Französischen Revolution wurden am Münster 235 Bildwerke zerstört. Einzigartig ist der Engelspfeiler im Südarm des Querhauses: In lebensgroßen Figuren zeigt er das abgekürzte Programm einer Weltgerichtsdarstellung. Das Doppelportal an der Südseite des Querhauses ist ein Marienportal, in den Tympana sind Tod und Krönung Mariens dargestellt. An den Seiten standen die Figuren von Ecclesia und Synagoge, am Mittelpfeiler – Hinweis darauf, daß vor dem Portal ein Ort des Gerichts war – thront König Salomo. Die

Straßburg, Münster
Westportale
und Rosenfenster

Die drei Figurenportale bieten ein reiches Bildprogramm, die Rose wird aus 16 Maßwerkblättern gebildet. Das der Mauer frei vorgestellte Stabwerk verschleiert deren Materialität.

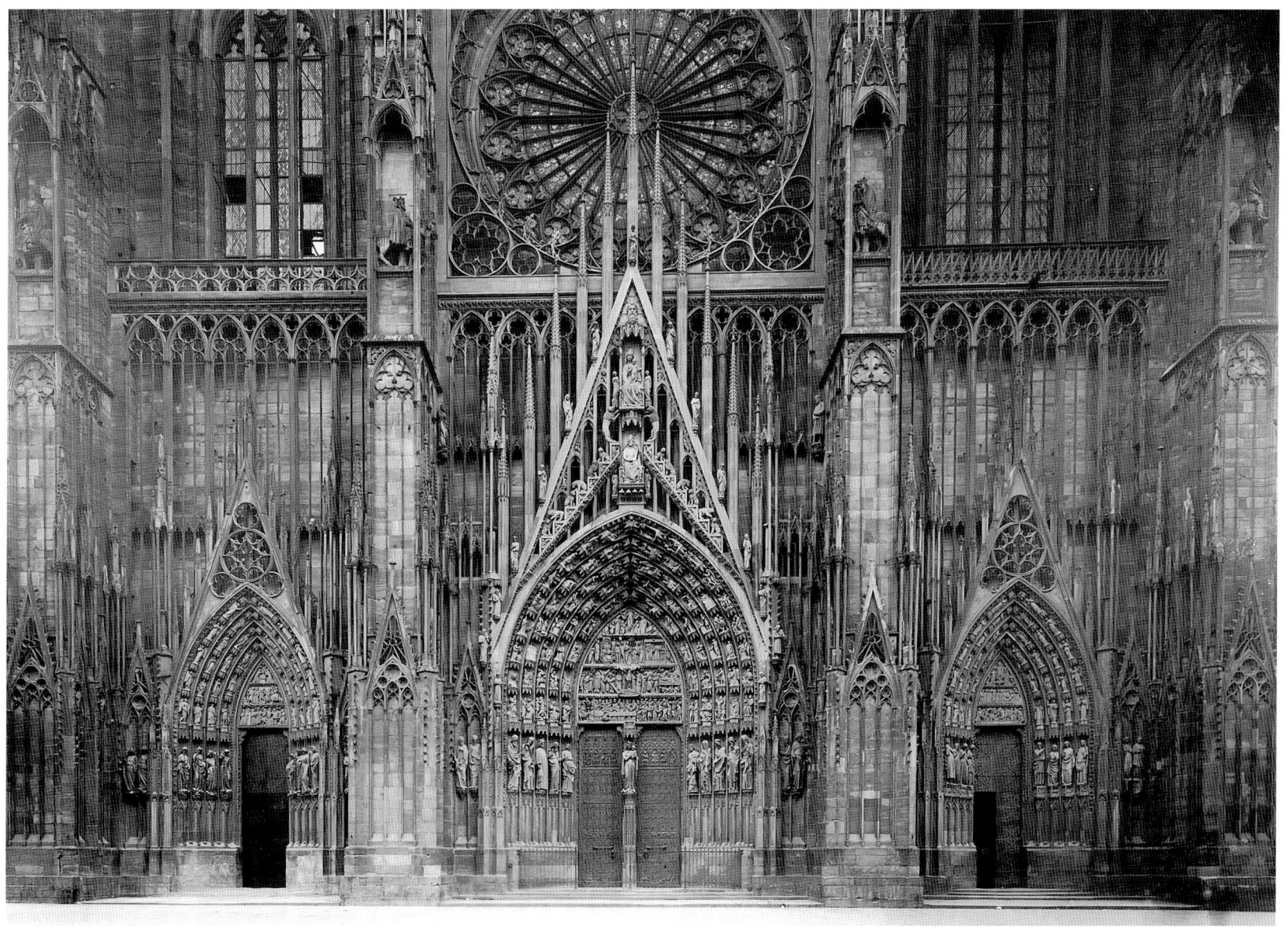

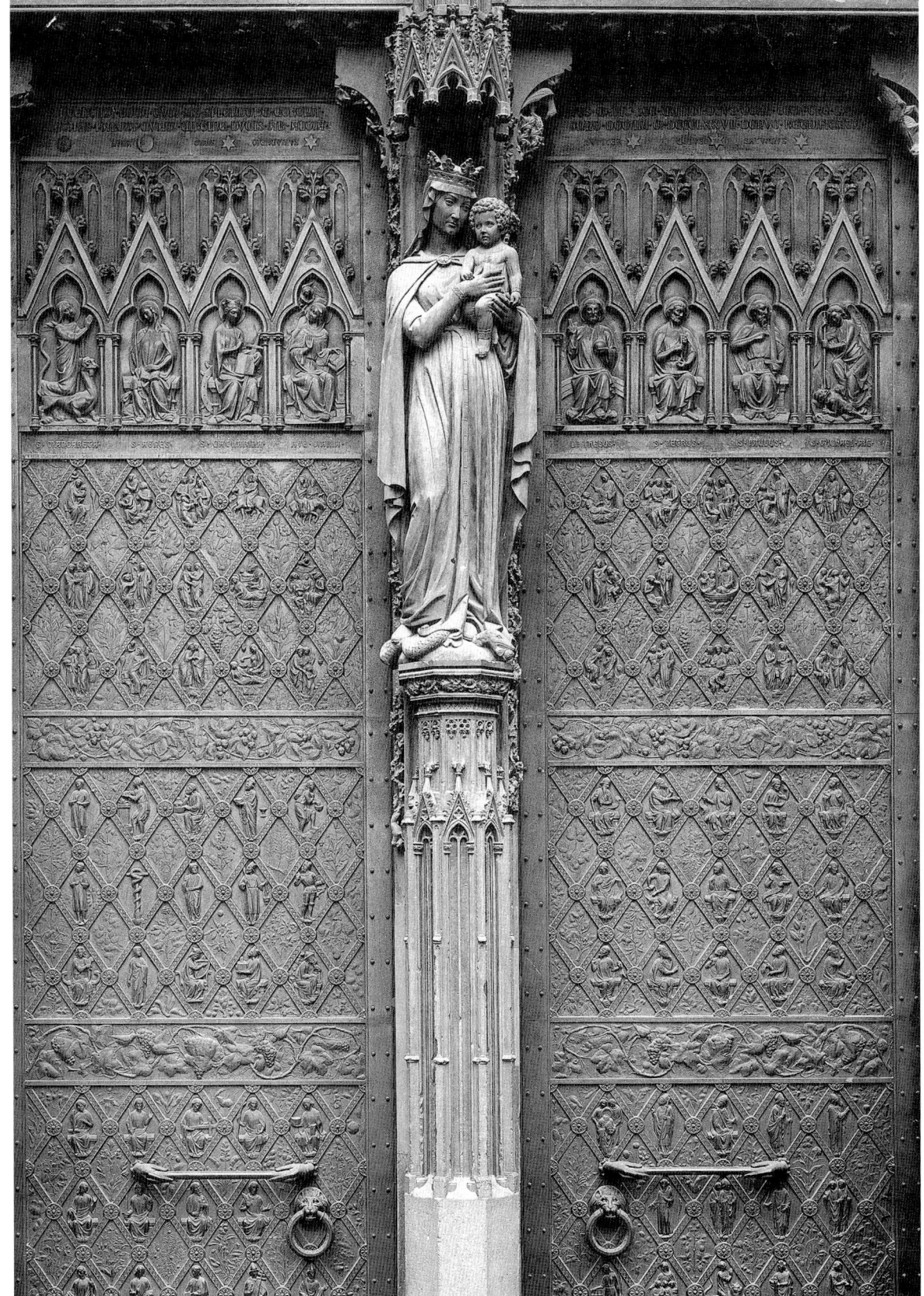

Straßburg, Münster
Marienfigur am Mittelpfosten des Hauptportals

Maria, die Patronin des Münsters, empfängt die Gläubigen. Die Ende des 13. Jh. entstandenen Skulpturen der Westportale sind Beispiele hochgotischer Bildhauerkunst.

um 1230 geschaffenen Bildwerke stehen in engem Zusammenhang mit der französischen Plastik und zählen zu den Meisterleistungen deutscher Bildhauerkunst im 13. Jahrhundert.

An der Westfassade, an der zum ersten Male in der Entwicklung der deutschen Gotik die französische Dreiportalgruppe begegnet, umfaßt das Programm der Portalplastik, die noch vor 1300 entstanden ist, das ganze Heilsgeschehen. Das nördliche Portal zeigt die Kindheitsgeschichte Christi, das mittlere die Passion, das südliche das Jüngste Gericht mit der Wiederkunft Christi. Die Gewände des Nordportals füllen Allegorien der Tugenden und Laster, am Mittelportal erscheinen die Propheten, am Südportal sind die klugen und törichten Jungfrauen, eine Allegorie aus dem eschatologischen Themenkreis, dargestellt.

Den folgenden Bauten fehlt der Überschwang der Kathedralen von Straßburg und Köln. Schlichtere Formen wurden angestrebt, das System der Hochgotik wurde reduziert.

Der in **Magdeburg** zunächst einheitliche Plan hatte mehrfache Abwandlung erfahren, die letzte nahm Meister »Bonensac« vor, als er 1274 mit den Arbeiten am Langhaus begann. Die Arkaden erhielten die doppelte Breite, die Hochschiffwand wurde im Sinne der Reduktionsgotik zweizonig ausgebildet. Auf jedes Arkadenjoch kommen jetzt zwei Gewölbejoche, und zwischen Arkaden und Fenstersohlbank bleiben betonte Mauerflächen stehen. Trotz der langen Bauzeit und verschiedener Planwechsel ist der Magdeburger Dom doch von größter Geschlossenheit und Einheitlichkeit. Sein Ernst und seine Hoheit machen ihn zu einem der charaktervollsten und beeindruckendsten deutschen Bauwerke. Der Dom beherbergt zahlreiche Bildwerke von hohem Wert. Die Figuren der klugen und törichten Jungfrauen des Paradiesportals sind um 1250 entstanden. Überraschend ist vor allem bei den törichten Jungfrauen der Realismus der Darstellung. Mit größter Lebensnähe gewinnt der Schmerz in Miene und Geste Ausdruck. Von stummer Trauer bis zu tränenreicher Klage, von verhaltenem Schmerz bis zum Ausbruch der Verzweiflung reicht die Skala der Gefühle, die der Meister zu gestalten vermochte. Die Stileigentümlichkeiten der Bildwerke weisen auf Bamberg und Mainz, ja selbst bis nach Frankreich, in die Richtung also, aus der auch wesentliche Architekturformen übernommen wurden.

In **Halberstadt** begannen die Arbeiten am Dom um 1230 unter Bischof Meinhard von Kranichfeld, der seine Ausbildung im Zisterzienser-

Magdeburg, Dom
Kluge und törichte Jungfrauen am Nordquerhausportal

Während die klugen Jungfrauen nach Jesu Gleichnis wachten und den Bräutigam, den Erlöser, erwarteten, vergossen die törichten ihr Öl, ließen ihre Lampen verlöschen und verloren das Paradies; ihr Klagen findet ergreifenden Ausdruck. Die Figuren entstanden im 5. Jahrzehnt des 13. Jh.

Die reife Zeit der Dome

kloster Walkenried erhalten hatte. Eine Zisterzienserbauhütte, die von Ebrach und Maulbronn nach Walkenried und Magdeburg gekommen war, errichtete westlich des alten Domes zwischen schlanken Türmen eine hohe Eingangshalle; von der repräsentativen dreischiffigen Vorhalle, die, für einen Dom ungewöhnlich, eben durch die Zisterzienser und durch burgundische Anregungen bedingt war, sind nur noch die Ansätze an der Fassade erhalten. An den Ostwänden der Turmuntergeschosse deuten sehr niedrige Schildbögen darauf hin, daß zunächst eine Emporenbasilika im Stile der französischen Frühgotik geplant war. Die niedriger bemessenen Proportionen des zuerst geplanten Langhauses sind auch noch am Ansatz des aufgeführten Schiffes an die Westtürme zu erkennen.

Der nach 1252 mit mehreren Unterbrechungen, auch bei sich ändernden Einflüssen und entsprechend manchem Stilwandel aufgeführte Kirchenbau zeigt trotzdem große Einheitlichkeit. Sein Grundriß ist der einer langgestreckten dreischiffigen Anlage mit acht Jochen im Langhaus und vieren im Chor. Das Querhaus ist ohne Seitenschiffe, der Chorumgang besitzt statt der Umgangskapellen ganz flache Nischen in der Außenwand, in die gemauerte Altarmensen eingestellt sind. Das Strebewerk ist vollständig ausgebildet.

Die bald nach dem Westbau ausgeführten drei Westjoche weisen in einigen Details, etwa der Dienstführung, der Kapitellbildung und der Form der Strebepfeiler mit ihren Figurentabernakeln eine Beziehung zur gotischen Baukunst der Champagne, besonders zu Reims auf. Auf Emporen, die der erste Plan vermutlich vorsah, wurde nun verzichtet, allerdings auch auf ein Triforium. Merkwürdigerweise blieben aber die Konsolen für die während der Langhauswölbung provisorisch eingezogene Holzdecke in der Wand stehen. Über schmalem Grundriß erhebt sich steil aufgerichtet der Innenraum. Nach einer längeren, durch heftige Kämpfe zwischen Bürgern und Bischof bedingten Bauunterbrechung wurden die Arbeiten wieder aufgenommen, nun allerdings östlich des Vorgängerbaues. 1362 konnte die Marienkapelle, die Scheitelkapelle am Chorumgang, geweiht werden, am 28. August 1491 erfolgte die feierliche Schlußweihe.

Der Halberstädter Dom verdankt wohl seine großartige Gestalt noch immer jener Rivalität mit dem Magdeburger Erzstift, die bis in ottonische Zeit zurückreicht. Mußte doch das ältere, zur Zeit Karls des Großen vom Erzstift Mainz aus gegründete Bistum zugunsten des jüngeren Magdeburger Hochstifts auf Gebiete und Rechte verzichten.

Der Halberstädter Dom besitzt noch große Teile seiner kostbaren Glasmalereien. Die ältesten und künstlerisch wertvollsten Scheiben befinden sich in der Marienkapelle. Im Inneren vermitteln vorzügliche Arbeiten einen Abriß der Entwicklung der sächsischen Plastik vom 12. bis zum 16. Jahrhundert. Der 1510 vollendete dreijochige Hallenlettner ist ein prachtvolles Zeugnis für die virtuose Kunst der Steinmetzen.

In **Meißen** wurde noch vor 1266 mit einem Neubau anstelle des romanischen Vorgängers begonnen. Ihm lag ein basilikaler Plan zugrunde und an dem ausgeführten Saalchor mit äußerem Umgang und einem Lettner zum Querhaus hin ist deutlich der Einfluß der Naumburger Hütte zu beobachten, ebenso auch an den Skulpturen im Chore und dem Oktogon am Südquerhaus. Das Langhaus war bereits in seinen östlichen Jochen im Bau, da wurde unter Bischof Withego I. (1266–1293) der Plan gewechselt und das Langhaus zur dreischiffigen Halle umgebaut. In dichter Folge stehen reich gegliederte Bündelpfeiler und tragen die Kreuzrippengewölbe. Die Arbeiten zogen sich durch das 14. Jahrhundert hin. Mit diesem Planwechsel wurde für die Markgrafschaft Meißen ein Prototyp geschaffen, der später nicht ohne Einfluß auf die großen Pfarrkirchen des Herzogtums Sachsen bleiben sollte.

Als 1423 die Markgrafen von Meißen die sächsische Kurwürde erhielten, war das Anlaß, vor der Westfassade eine besondere Fürstenkapelle zu errichten, deren Gewölbe zwischen 1443 und 1446 eingezogen wurden. Der Dom ging seiner Vollendung entgegen, der Westbau war bereits über das zweite Geschoß hinaus gediehen. Nun aber erwies sich dieser als zu niedrig, da er in seinen Proportionen noch immer auf die zunächst geplante Basilika abgestimmt war, nicht aber auf die nach Planwechsel errichtete Halle. In dieser Situation übernahm Arnold von Westfalen die Bauleitung. Er erhöhte die West-

Halberstadt, Dom St. Stefan
Ansicht von Südosten

Der Bau bietet in dieser Sicht mit seinem vollentwickelten Strebewerk das klassische Bild einer gotischen Kathedrale.

Die reife Zeit der Dome

**Meißen,
Dom St. Johannes
bapt. und Donatus**
Innenansicht nach Osten

Der Neubau wurde vor 1266 nach basilikalem Plan begonnen. Unter Bischof Withego I. (1266/93) wurde der Plan geändert und das Langhaus zur Halle umgewandelt.

Regensburg, Dom St. Peter
Innenansicht nach Osten

Der Neubau begann 1274 unter Meister Ludwig, um 1525 kamen die Arbeiten zum Erliegen. Die drei Westjoche wurden 1618 gewölbt, die Westtürme 1859–1869 vollendet. Das Chorhaupt zeigt zwischen beiden Fensterzonen – ein Chorumgang fehlt – ein verglastes Triforium. Der Aufriß des Langhauses und die Kreuzrippengewölbe folgen hochgotischen Vorbildern.

Die reife Zeit der Dome

türme über die Traufhöhe des Langhauses und verband sie durch einen Zwischenbau. Der Mittelteil blieb geschlossen und bot den Dächern der Halle und der Fürstenkapelle die notwendige Anlauffläche. Die Seiten aber sind in großen Bögen geöffnet, zwischen mächtige Eckpfeiler sind die Läufe der Turmtreppen eingespannt, sie steigen gegeneinander an, einer gemeinsamen Mitte zu. Darüber sollte sich wohl ein gewaltiger Einturm erheben. Möglich ist aber auch, daß Arnold an eine Lösung ähnlich den thüringischen Breittürmen gedacht hat, wie sie zum Beispiel Dom und Severikirche in Erfurt besitzen. Zwei Flankentürme hätten dann einen dominierenden Mittelturm begleitet, in dem alle architektonischen Kräfte ihren Höhepunkt erreicht hätten. Doch Arnold starb 1481, ehe er sein Werk vollenden konnte. Zu Beginn unseres Jahrhunderts bekam der Dom dann seine beiden Westtürme.

Auch der **Regensburger Dom** besitzt, ähnlich Naumburg und Meißen, keinen Kathedralchor, die drei Schiffe enden in parallelen Fünfachtelpolygonen, in den Seitenschiffen liegt vor dem Polygon ein Vorjoch, das Mittelschiff hat deren zwei und ist gegen die Nebenchöre abgeschlossen. Die Chorlösung geht hier auf den romanischen Vorgänger zurück. Das Langhaus westlich des Querhauses ist in Travées unterteilt, der Arkadenschritt ist recht weit. Die Bündelpfeiler tragen Kreuzrippengewölbe. Die Wandgliederung ist dreizonig, im Chore ersetzt eine untere Fensterreihe die Langhausarkaden, das Triforium ist hier verglast. Die kräftigen Dienste sorgen für einen starken Vertikalismus im Raum. Das Strebesystem außen ist mit frei schwingenden Bögen voll ausgebildet. Den Westabschluß bildet eine Doppelturmanlage mit einem reich geschmückten und mit Figuren ausgestatteten Triangelportal.

Waren es im ersten Drittel die Mönche der zisterziensischen Bauhütten, die neue Techniken der Rippenwölbung und der Schubableitung über Strebepfeiler sowie frühgotische Formen nach Deutschland brachten, dabei aber bei ihren eigenen Kirchenbauten dem Vorbild ihrer Mutterklöster folgten, nicht dem modernen Kathedraltyp, so griffen sie jetzt durchaus diesen Typus auf, übernahmen Formen der Kathedralgotik und orientierten sich an den bischöflichen Großkirchen ihrer Diözese. Ganz klar ist das bei der **Zisterzienser-Klosterkirche in Altenberg** zu sehen, die sich den benachbarten Kölner Dom zum Vorbild nahm. Gewahrt aber wird die dem Orden eigene Strenge und Askese im Verzicht auf buntfarbig verglaste Fenster, auf reiche Kapitelle und anderes Schmuckwerk. Die Dienste werden über den Kämpfern der Rundpfeiler abgefangen und auf Türme, von einem bescheidenen Dachreiter abgesehen, verzichtet man.

In **Freiburg** im Breisgau war um 1200 der Bau der Stadtpfarrkirche in romanischen Formen im Gange. In der Mitte des 13. Jahrhunderts änderte man den Plan des Langhauses, um sich beim Weiterbau in der relativ weiten Arkadenstellung dem Vorbild des Straßburger Münsters anzuschließen. Das System des Aufrisses aber wurde reduziert, auf ein Triforium ist verzichtet

Altenberg, Zisterzienser-Klosterkirche
Innenansicht nach Osten

Auch der Innenraum zeigt den Einfluß der benachbarten Kölner Dombauhütte, aber auch die dem Orden eigentümliche Strenge und Askese im Verzicht auf farbige Verglasung und reichen Bauschmuck.

Die Gotik in Deutschland

worden, dafür wird jetzt wieder die Wand in großen Flächen wirksam. Die Gestaltung der Außenwände der Seitenschiffe zeigt deutlicher den Straßburger Einfluß. Als Westlösung aber wählte man nicht die Doppelturmfassade, sondern den Einturm. In diesem lebte der Donjon nach, der feudale Wohnturm, der zu einem Machtsymbol geworden war, wie er auch den Rathaustürmen, den Wahrzeichen des Bürgerstolzes in mancher Stadt, als Vorbild diente. Der Reiz des Freiburger Turms besteht vor allem in dem Kontrast zwischen blockhaft geschlossenem Unterbau und den immer stärker aufgelösten Obergeschossen bis zum völlig durchbrochenen Turmhelm. Er war das erste Beispiel einer weitgehenden Öffnung des Turmhelmes in einer über jeden praktischen Nutzen hinausgehenden Gestaltung. Die vom Zweck befreite Form wird zum Zeichen der Kunstfertigkeit des Meisters und der künstlerischen Gesinnung der Bürger der Stadt, wie das etwa zur gleichen Zeit jene Münzen verkünden, die man in die Fundamente des Florentiner Domes gelegt hatte: »Auf daß die Großartigkeit des Volkes von Florenz in Kunst und Fertigkeit offenbar werde.« Es ist der gleiche Bürgersinn, der sich hier kundtut. So hat dann auch dieser Freiburger Münsterturm in Deutschland mehrfache Nachfolge gefunden.

Die Bürgerschaft der reich und mächtig gewordenen Städte griff immer häufiger für ihre Pfarrkirche das Formengut der Bischofskirchen auf, um so ihrem Repräsentationsbedürfnis Genüge zu tun. Die Hauptpfarrkirchen der Hansestädte im Backsteingebiet folgten dem Kathedraltyp in so enger Anlehnung, daß man von »Bürgerkathedralen« (Zaske) gesprochen hat.

Altenberg, Zisterzienser-Klosterkirche
Ansicht von Nordosten

1133 Gründung des Klosters, Neubau der Kirche begann 1255, 1287 Chorweihe, 1379 Weihe der noch nicht vollendeten Kirche.

Die reife Zeit der Dome

Freiburg im Breisgau, Münster Unserer Lieben Frauen
Ansicht von Osten

Die einstige Stadtpfarrkirche ist seit 1827 Dom. Um 1200 entstand das spätromanische Querhaus mit den Hahnentürmen. Um 1250 wurde der Langhausplan geändert, 1295 war der Westturm in seinem unteren Teil fertig, um 1350 Vollendung des Turms und der Obergeschosse der Hahntürme. 1354 wurde der Chorneubau begonnen, den seit 1359 Johann von Gmünd leitete. 1513 erfolgte die Chorweihe.

Auf zwei Wegen kam die Gotik nach Norddeutschland, über die weitreichenden Handelsbeziehungen der Hanse und durch die Zisterzienser über die Mark Brandenburg.

Die romanische Baukunst der Mark war von den Prämonstratensern geprägt worden. An diese Backsteinromanik knüpften die Zisterzienser zunächst auch an und schufen in der Kirche ihres Klosters zu Lehnin in der Mark Brandenburg einen Bau des Übergangsstiles. In **Chorin**, einer Tochtergründung Lehnins, entstand dann ein ausgereiftes Werk der Gotik. Die Fassade zeigt in geradezu klassischer Weise das gotische Prinzip divisiven Gestaltens und der Wiederholung des großen Motivs im Kleinen. Die Flügel sind ein Abbild des Mittelteils, dieses wiederum eine Zusammenfassung der Gesamtkomposition. Streben und Fenster, Giebel und Blenden fügen sich zu einer eindrucksvollen Schauwand. Hausteinformen sind in Backstein so übertragen, daß ihre Ausführung der Spezifik des Materials gerecht wird. Diese Fassade wurde vorbildlich für andere Zisterzienserkirchen im Backsteingebiet.

In den Hansestädten hatte zunächst die aus Westfalen stammende Halle Aufnahme gefunden, doch immer mehr machten sich auch hier Einflüsse aus Nordfrankreich und Flandern geltend, und der basilikale Kathedraltyp gewann an Bedeutung. Zwischen 1200 und 1220 war in **Lübeck** ein Neubau der **Hauptpfarrkirche St. Marien** nach dem Vorbild des Domes als Basilika begonnen worden. 1251, noch vor der Vollendung, gab man den Plan auf und baute unter westfälischem Einfluß St. Marien zu einer mächtigen Hallenkirche um. Aber bereits um 1260, als Westbau und Langhaus fertig waren, änderte

Freiburg im Breisgau, Münster
Chorinnenansicht

Im Kontrast zum reich gegliederten Äußeren erscheint das Innere karg und streng bei Wahrung größerer geschlossener Wandflächen.

Chorin, Ruine der Zisterzienser-Klosterkirche
Westfassade

1258 wurde das Kloster von Lehnin aus gegründet, 1273, nach der Verlegung an den jetzigen Ort, Ostteile von Kirche und Klausur begonnen; bis 1290 wurde das östliche Langhaus und der Westflügel der Klausur, bis 1300 der Westteil des Langhauses mit der Fassade und der Südflügel der Klausur errichtet. 1334 werden sieben Altäre genannt. Die Fassade zeigt deutlich das Prinzip gotischer divisiver Gestaltung.

Die reife Zeit der Dome

Lübeck, St. Marien
Ansicht von Osten

Um den Hochchor sind Umgang und Kapellenkranz so gelegt, daß sie unter ein gemeinsames Pultdach genommen werden konnten, nur die Scheitelkapelle bewahrte ihre Eigenständigkeit. Das Strebewerk ist auf das konstruktiv Notwendige an Bögen und Pfeilern beschränkt.

man wiederum den Plan: Statt eines Hallenchores entstand der Kathedralchor, der auf französische Anlagen, am ehesten auf Quimper, zurückgeht. Bei dem Kapellenumgangschor sind jeweils eine Kapelle und das vor ihr liegende Umgangsjoch unter ein Gewölbe genommen, eine Lösung, der andere Kirchen im Ostseeraum gefolgt sind. Nach 1280 wandelte man auch das Hallenlanghaus nach dem Plan des Chormeisters zur Basilika um. Auf ein Querhaus wurde verzichtet, an seiner Stelle erheben sich Kapellenanbauten. Das Langhaus ist dreischiffig und in gotische Travéen unterteilt. Die Fenster sind als Blendformen bis auf einen umlaufenden Gang unmittelbar über den Arkadenscheiteln herabgezogen, ein Triforium fehlt. Die Pfeiler sind über dem Quadrat gemauert, in die Ecken sind Rundstäbe eingelegt, in den Arkaden sind dem Pfeiler flache Vorlagen für die Arkadenunterzüge, nach dem Schiffe zu Dienstbündel für Diagonalrippen, Gurt- und Schildbögen vorgesetzt. Das Strebewerk ist mit Pfeilern und Bögen voll ausgebildet; zwischen die Streben sind am Langhaus flache Kapellen eingefügt. Die Sprödigkeit des gebrannten Backsteins trug wesentlich zu einer sichtbaren Zurückhaltung bei dekorativem Zierat und so zur Klarheit der Formen bei. Bedenkt man die vom Baumaterial her bedingten Abweichun-

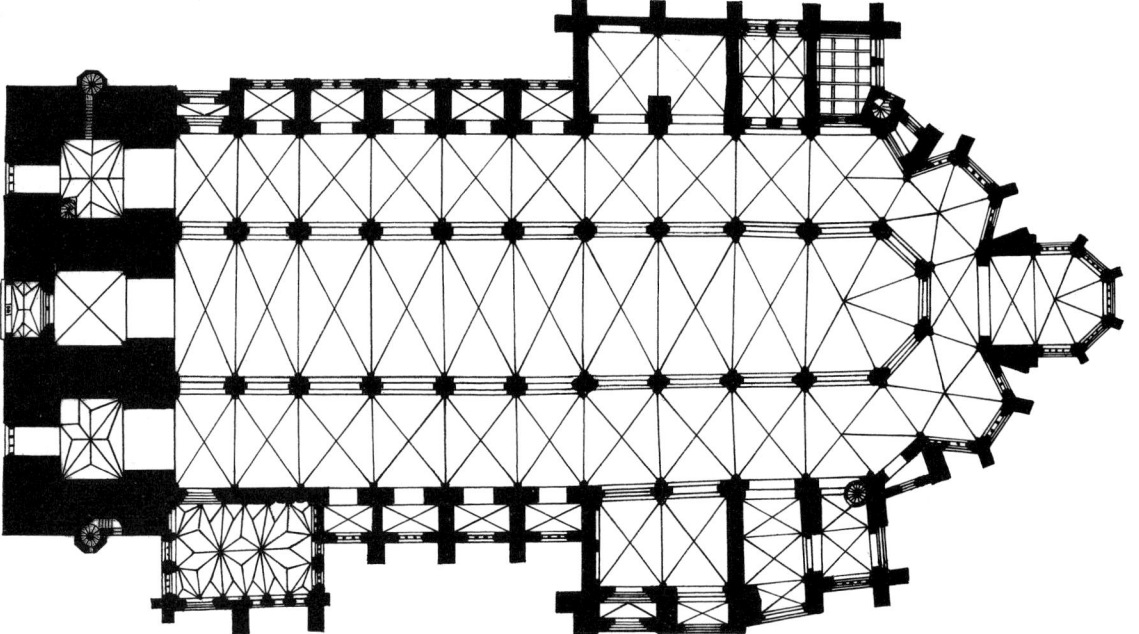

Lübeck, Hauptpfarrkirche St. Marien
Grundriß

Um 1200/20 wurde ein basilikaler Neubau begonnen, 1251 erfolgte ein Planwechsel zur Hallenkirche. Um 1260/1291 entstand nach wiederum neuem Plan der Kathedralchor. Nach 1315 wird die Halle durch die 1330 vollendete Basilika ersetzt. Der Grundriß zeigt, daß ein Kathedralplan abgewandelt wurde.

Die Gotik in Deutschland

Lübeck, St. Marien
Ansicht von Süden

Die Abfolge der Strebepfeiler und Strebebögen macht die Jochfolge des Innenraumes am Außenbau sichtbar.

Die reife Zeit der Dome

gen, so ist St. Marien eine echte Übertragung des Kathedraltyps auf eine Bürgerkirche. In ihrer wechselvollen Baugeschichte spiegelt sich der Wandel der sozialen Verhältnisse in Lübeck deutlich wider.

Von Lübeck, dem Hauptort der Hanse, strahlte dieser Typ der Pfarrkirche auf andere Hansestädte aus. Die Wirkung war so groß, daß sich ihr auch der **Dom zu Schwerin** und die Zisterzienserkirche in Doberan nicht entziehen konnten. Der Dombau in Schwerin war 1272 begonnen worden, 1327 war der Chor vollendet, 1416 konnten die westlichen Langhausjoche gewölbt werden. Ähnlich wie in Lübeck sind Umgangskapellen und Umgangsjoche unter ein gemein-

Lübeck, St. Marien
Innenansicht nach Osten

Ihrer einst reichen Ausstattung beraubt, erscheint das Innere karg und kahl.

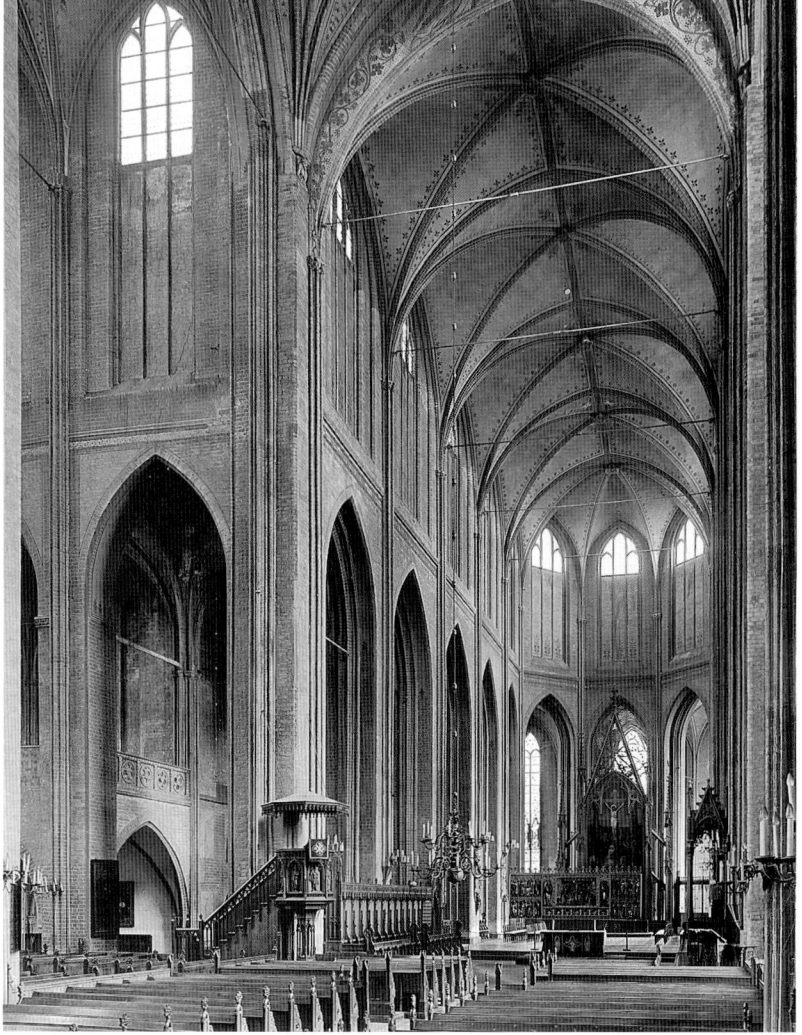

sames Gewölbe genommen. Chor und Langhaus messen jeweils vier queroblonge Joche, ein dreischiffiges Querhaus trennt sie. Ähnlich wie in Lübeck sind auch hier die Fenster nur im oberen Teil des Schildbogens geöffnet, dann werden sie als Blendform bis zum umlaufenden Gesims herabgeführt. Im Westen ist ein mächtiger Einturm in das Mittelschiff eingezogen.

Der Neubau der **Zisterzienserkirche in Doberan** folgt dem Typ der Lübecker Marienkirche, der ja auch Vorbild für die Pfarrkirchen in anderen Hansestädten, so in Rostock, Wismar und Stralsund war, verzichtet allerdings auf ein Strebewerk mit frei schwingenden Bögen und natürlich auf Westtürme. Dafür wird, zumindest am Außenbau, der Chor durch ein betontes Querhaus gegen das Langhaus gesetzt, innen wird

Schwerin, Dom St. Maria und Johannes
Innenansicht nach Osten

Der jetzige Bau wohl 1272 begonnen, 1327 war der Chor vollendet, 1374 das Südseitenschiff, 1416 wurden die Westjoche gewölbt.

Die Gotik in Deutschland

das Querhaus durch einen eingestellten Pfeiler und zwei Arkaden vom Langhaus abgetrennt. Die Dienste der Kreuzrippengewölbe sind oberhalb des Chorgestühls auf Konsolen abgefangen. Die Fenster sind auf den Schildbogen beschränkt und haben ihre Sohlbank in Höhe der Kapitelle, darunter ist auf die weißgetünchte Wand ein Triforium aufgemalt. Das Gestühl der Konventualen reicht weit in das Langhaus, davon durch einen Lettner getrennt, folgt der Konversenchor, für Laien blieben nur ein Joch im Westen und die Seitenschiffe. Die Nähe der Zisterzienserklosterkirche zu den Pfarrkirchen der Hansestädte überrascht wohl weniger, wenn man weiß, daß das Kloster Privilegien erworben hatte, die sonst die Fernkaufleute besaßen; die Mönche durften auf dem Markt in Rostock, wo sie Bürgerrecht genossen, Waren anbieten, und sie fingen Hering und handelten mit dieser so wichtigen Fastenspeise. Zweckmäßigkeit und Gediegenheit, die den Unternehmungen des Ordens ebenso eigen waren wie denen der Kaufleute, verbanden sich in der Architektur mit einer sakralen Hoheitsform.

Wohl zogen sich die Arbeiten an den meisten Dombauten bis ins 15. oder 16. Jahrhundert hin und von manchen gingen weiterhin Impulse aus, die die Architektur einzelner Landschaften beeinflußten, aber seit der Mitte des 14. Jahrhunderts meldeten sich immer stärker neue Kräfte zu Worte, deren Werke bald dem Baugeschehen die Richtung weisen sollten. Die Pfarrkirchen begannen, die Kathedralen als Vorbild setzende Leitbilder abzulösen.

Noch einmal allerdings erlangte die Kathedralgotik für den Neubau des **Prager Domes** Bedeutung, den Matthias von Arras im Jahre 1344 begann. Seit 1341 hatte König Johann von Böhmen aus dem Hause Luxemburg den Bau vorbereiten lassen, doch erst sein Sohn Karl, damals noch Markgraf von Mähren, seit dem 11. Juli 1346 dann als vierter seines Namens deutscher König und am 5. April 1355 zum römischen Kaiser gekrönt, betrieb den Neubau mit allem Nachdruck. Am 30. April 1344 erhob Papst Clemens VI., vormals Karls IV. Erzieher am französischen Königshof, das Prager Bistum zum Erzbistum und verband damit das Metropolitenamt, das Karl IV. für sich selbst in Anspruch nahm. Der Baumeister des Königs, Matthias von Arras, kam aus Avignon. Er entwarf die Metropolitankirche ganz im Stil der klassischen französischen Kathedralen. Als Matthias im Jahre 1352 starb, war der Chor so weit fortgeschritten, daß sein Nachfolger kaum noch Grundlegendes verändern konnte. Zum Nachfolger des Matthias berief Karl IV. den damals dreiundzwanzigjährigen Peter Parler (gestorben 1399), den Sohn des Werkmeisters Heinrich von Gmünd. Er war an den Plan seines Vorgängers gebunden, nach diesem vollendete er 1356 die Kreuz- und die Martinic-Kapelle am südlichen Chorseitenschiff, danach verwirklichte er zunehmend eigene Ideen. Bei der Aufführung des Chorobergadens verschmolz

Doberan, ehemalige Zisterzienser-Klosterkirche
Innenansicht nach Osten

Auch das Innere folgt kathedralem Vorbild, das Triforium ist auch ursprünglich nur aufgemalt gewesen. Die Gestühle der Konventualen und der Konversen füllen fast das ganze Langhaus.

Doberan, ehemalige Zisterzienser-Klosterkirche
Chor von Osten

1171 wurde das Kloster von Amelunxborn aus gegründet, 1186 erfolgte eine Zweitgründung. Der Neubau entstand 1291/1368, der Chor war 1336 vollendet. Dieser folgt dem Typ des Kathedralchores, verzichtet aber auf freischwingende Strebepfeiler.

Peter Parler Triforium und Fenster zu einer einheitlichen Lichtzone. Die Wand ist vollständig in ein mit farbigem Lichtgrund hinterlegtes Gitterwerk aufgelöst. Diese diaphane Struktur und der Formenreichtum am äußeren Strebewerk erweisen sich als Erbe der Kölner Dombauhütte, aus der die Parler hervorgegangen sind. Die von Peter Parler aber im Chor verwendeten Parallelrippengewölbe stellen eine für die weitere Entwicklung zum Einheitsraum überaus bedeutsame Neuerung dar. Sie brechen den Jochbogen auf, lassen die Mitte des Joches frei und überspielen so die Jochgrenzen. 1385 war die Chorwölbung geschlossen.

Abweichend vom älteren Plan führte Peter Parler die Kapellen am Langchor über quadratischem Grundriß aus und wölbte die 1362 vollendete Sakristei mit einem Sterngewölbe. Die 1367 geweihte Wenzelskapelle besitzt ein Gewölbe, das aus dem Kreuzgewölbe mit paralleler Führung der Rippen entwickelt ist und den Raum als Baldachin überfängt. Sie hat quadratischen Grundriß und übertrifft alle anderen Kapellen an Größe und an Pracht der Ausstattung. In der unteren Zone der Wand rahmen geschliffene böhmische Halbedelsteine in goldener Fassung Szenen aus der Passion Christi ein. In der Wenzelskapelle wurden nach der Přemyslidenordnung die böhmischen Könige gesalbt, danach zogen sie durch das rundbogige, romanisierende Triumphtor im Krönungszuge in das Südseitenschiff des Chores.

Einzigartig, ganz dem kaiserlichen Anspruch des Bauherrn gemäß, ist das Programm der Bildwerke aus der Parler-Hütte im Prager Domchor. In den Kapellen des Umgangs sind die Grabtumben mit den Liegefiguren der Ahnen Karls IV. aus dem königlichen Geschlecht der Přemysliden aufgestellt. Im Triforium befindet sich eine Galerie von 21 Bildnisbüsten, sie umfaßt die Mitglieder der kaiserlichen Familie, drei Prager Erzbischöfe, vier Rektoren der Bauhütte und die beiden Dombaumeister Matthias von Arras und Peter Parler. In den besten Bildwerken ist der Schritt vom Typen- beziehungsweise Standesporträt zum Individualporträt vollzogen. Am oberen äußeren Triforium sind Heiligenbüsten angebracht. Das Programm ist von ungewöhnlicher Kühnheit: Am allerheiligsten Ort der Kathedrale ruhen in ihre Grabtumben die Ahnen des Kaisers und sind im Bilde leibhaftig gegenwärtig, sie stehen in der Welt des bewegten, vergänglichen Lebens. Im Obergaden, am äußeren Triforium, repräsentieren die Heiligen, vertreten durch ihre Büsten, eine Welt der ewigen Ruhe; nach außen gerichtet haben sie auch gleichsam den Schutz des heiligen Ortes übernommen. Dazwischen nun, der vergänglichen Welt schon entrückt und im Lichte des Triforiums der nächsten, himmlischen Stufe nahe, sind weder Heilige noch Verstorbene dargestellt, sondern wirkliche, lebende Menschen, nicht Gestalten einer legendären Vergangenheit, sondern Persönlichkeiten der Zeitgeschichte. Und zur königlichen Familie und den Kirchenfürsten gesellen sich

Prag, Dom St. Veit
Choransicht

Seit 1341 bereitete König Johann von Böhmen den Bau vor, sein Sohn, Kaiser Karl IV., berief Matthias von Arras (gest. 1352) aus Avignon zum Baumeister. Dieser legte den Grundriß fest und führte die sechs Pfeiler des Polygons und den Umgang bis zum Triforium auf. Nach seinem Tode berief Karl IV. Peter Parler (gest. 1399) zum Nachfolger. Er baute den Chor nach leicht verändertem Plane aus, das Bauwerk folgt dem Vorbild hochgotischer französischer Kathedralen, es war eine »Königskathedrale« und ein Abbild des »Himmlischen Jerusalem«.

Die reife Zeit der Dome

Prag, Dom St. Veit
Chorgewölbe

*Entgegen dem bis dahin üblichen Kreuzrippengewölbe führte Peter Parler das Parallelrippengewölbe ein, das die Grenzen zwischen den Chorjochen aufhebt.
Das Chorgewölbe war 1385 geschlossen.*

Baurektoren und Hüttenmeister. Es gibt wohl wenige Zeugnisse, die so den Rang des Herrschers demonstrieren, aber auch das Selbstbewußtsein der führenden Werkmeister im ausgehenden 14. Jahrhundert belegen.

Als Karl IV. den Neubau des Prager Veitsdomes beginnen ließ, war der Stil der französischen Kathedralgotik eigentlich schon ein Anachronismus, nur wenige Jahre nach der Grundsteinlegung zu St. Veit begann Heinrich von Gmünd 1351 den Chor der Heilig-Kreuz-Kirche in Schwäbisch-Gmünd und gestaltete ein neues Bau- und Raumideal, das sich schon einige Zeit in Bauten der Bettelorden, in manchen Werken der Zisterzienser und der deutschen Reduktionsgotik angekündigt hatte.

Allein, nur die Kathedrale in ihrer klassischen Form bot dem Kaiser offenbar jene bedeutungsmächtige, inzwischen auch durch Tradition zusätzlich geheiligte Form, die seinen Absichten entsprach: Nur die »Königskathedrale«, wie sie in der Île de France entstanden war und wie Karl sie in seiner Jugend am französischen Königshofe kennengelernt hatte, vermochte seinem imperialen Anspruch Ausdruck und seinem weltlichen Machtstreben sakrale Weihe zu verleihen. Auch fand im Veitsdom die städtebauliche Neugestaltung Prags insofern einen bekrönenden Abschluß, als die Kathedrale in ihrer hochgotischen Form immer anschauliche Darstellung des Himmlischen Jerusalems, der in Gestalt der Ecclesia auf Erden Wirklichkeit gewordenen Gottesstadt war. Es ist kein Zufall, daß die Gründung der Prager Neustadt durch Karl IV. unter dem Namen »civitas nova Hierusalem« erfolgte.

Die deutsche Reduktionsgotik

In der Romanik waren die großen Klosterkirchen die entscheidenden Stationen auf dem Weg der Architekturentwicklung. Ihr Innenraum war ein hierarchisch gestufter Kultraum, das Äußere von denkmalhafter Geschlossenheit. In ihrer Wehrhaftigkeit wirkten romanische Kirchen wie ein Sinnbild der ecclesia militans, der streitbaren Kirche. Das Himmlische Jerusalem erschien als Gottesburg, wie das auch in der Evangelienharmonie des »Heiland« zu lesen ist.

Aus der Zisterzienserkirche war die Laiengemeinde ausgeschlossen, die Kirche war ein reines Oratorium, ein Bethaus der Mönche. Jeder künstlerische Aufwand war durch Bestimmungen des Generalkapitels untersagt, bildlicher Schmuck, farbig verglaste Fenster und Türme waren verboten, lediglich ein Dachreiter war erlaubt. Bevorzugt wurde der gerade Chorschluß.

In der ersten Hälfte des 13. Jahrhunderts waren es diese Ordensleute, die neue Bauformen nach Deutschland brachten und an Dombauten mitwirkten. Zum zweiten Male wurden Klosterkirchen in den Bauten der Bettelorden breitenwirksam. Es waren Predigtkirchen, in denen sich die Geistlichkeit mit dem gesprochenen Wort an die Gemeinde wandte. Das Gegenüber von Gemeinderaum und Chor war klar ausgebildet, das Querhaus als trennender Raum zwischen Gemeinde und Konvent aber ausgeschieden. Die sachliche Nüchternheit kam dem rationellen, auf Zweckmäßigkeit gerichteten Sinn der Bürger entgegen.

Als die deutschen Werkleute sich in der zweiten Hälfte des 13. Jahrhunderts die Errungenschaften ihrer französischen Brüder zu eigen machten und sich mit den Formen der nordfranzösischen Hochgotik auseinandersetzten, begannen manche Hütten, das hochgotische System zu reduzieren.

In **Magdeburg** wurde im Langhaus, das von 1273 an entstand, die Arkadenweite auf das Doppelte vergrößert, indem auf jeden zweiten Pfeiler des ursprünglichen Planes verzichtet wurde. Der Aufbau der Wand erfolgte zweizonig: Über den Arkaden blieb ein breiter Mauerstreifen stehen, dann erst setzten die Fenster ein. Auf eine der jetzt weiten Arkaden kamen dabei je zwei Fenster und zwei queroblonge Kreuzrippengewölbe. Am Außenbau wurden nur Strebepfeiler, keine frei schwingenden Bögen ausgeführt. Weiter Arkadenschritt, zögernde Auflösung der Wand, Verzicht auf ein Triforium und auf ein voll entwickeltes Strebesystem sind die Merkmale der deutschen Reduktionsgotik.

Manche ältere Baugewohnheit der Zisterzienser wurde wieder belebt. Nach der Jahrhundertmitte war auch der eine oder andere Neubau einer Zisterzienserkirche unter den Einfluß benachbarter Kathedralen geraten und hatte deren Formen

**Magdeburg,
Dom St. Moritz und
Katharina**
Mittelschiff nach Osten

Das nach verändertem Plan errichtete Langhaus wurde 1363 geweiht. Die Arkadenweite wurde auf das Doppelte vergrößert. Der Aufbau der Wand erfolgte zweizonig.

aufgegriffen (zum Beispiel Altenberg, begonnen 1255, Schlußweihe 1379, oder Doberan, begonnen 1291, Gesamtweihe 1368). Ende des Jahrhunderts zeigten sie wieder größere Selbständigkeit und gingen neue und eigene Wege. So begann bei den österreichischen Zisterziensern eine Entwicklung des Chorbaues, die zum Hallenumgangschor führen sollte. Dies wurde zweifellos in den Hallenräumen der Klausuren – Refektorien und Kapitelsälen – vorbereitet. Die Tradition der Zisterzienser, ihre Chöre gerade zu schließen, kam der Hallenanlage entgegen. Aber auch eine andere Gewohnheit der Zisterzienser, die Seitenschiffe im Halbkreis um das Chorhaupt zu führen und die Kapellen hinter einer einheit-

lichen Außenmauer zusammenzufassen (Pontigny), sollte sich mit dem Hallenbau verbinden und den Hallenumgangschor vorbereiten.

Die Zisterzienser erwiesen sich auch erneut als Wegbereiter auf dem Gebiet der Wölbung. In ihren Kapitelsälen (Pelplin, Ende 13. Jahrhundert; Maulbronn, zweites Viertel 14. Jahrhundert) und Refektorien (Bebenhausen, Sommerremter 1335) begannen sie mit der Überwindung der Kreuzrippenwölbung und der Ausbildung dekorativer Sternwölbungen. Die entscheidende Leistung hat wohl der Meister der seit 1294 erbauten Zisterzienserkirche in Pelplin vollbracht. Im Chore sind hier zum ersten Male in der deutschen Baukunst bei einer Großraumwölbung Sterngewölbe verwendet, bislang war dies nur

**Erfurt,
Predigerkirche**
Innenansicht nach Osten

1229 kamen die Dominikaner nach Erfurt. Nach 1278 begannen die Bauarbeiten am Chor, um 1370 war die Westfassade vollendet, 1410 wurde der Lettner eingezogen.

vereinzelt über einer Vierung geschehen. Ein wichtiges Element der neuen Wölbformen, der Rippendreistrahl, findet sich um 1280 im Keller des Konversenflügels in Lehnin. Möglicherweise wurden bei der Ausbildung der Sterngewölbe auch Anregungen der englischen Gotik aufgegriffen, besonders die Hochschiffwölbung der Kathedrale von Lincoln könnte neben anderen vorbildlich gewesen sein.

Mit ihrer durch Armutsideal und Demutsgebot, vor allem aber die durch Beschlüsse der Generalkapitel erzwungene Reduktion hochgotischer Systeme, dem Verzicht auf aufwendigen Bauschmuck und auf Türme, boten die Bauten der Zisterzienser den Bettelorden, die keine so detaillierten Bauvorschriften hatten, wertvolle Anregungen, auch wenn es sonst deutliche Unterschiede gab.

Die Bettelorden, Franziskaner und Dominikaner, gründeten ihre ersten Niederlassungen in deutschen Städten in den zwanziger Jahren des 13. Jahrhunderts. Die Franziskaner, deren Orden Franz von Assisi 1209 gestiftet hatte, griffen gleich den ketzerischen Volksbewegungen auf urchristliche Forderungen nach Armut und Brüderlichkeit zurück. Sie nahmen sich der Armen und Kranken an, für die noch jede öffentliche Fürsorge fehlte. Den Dominikanerorden dagegen hatte 1216 Dominikus von Guzman zur Bekämpfung der Ketzer ins Leben gerufen. Seine Mönche suchten mit ihren in der Volkssprache gehaltenen Predigten Einfluß auf die Stadtbevölkerung zu gewinnen.

Im Gegensatz zu den älteren Orden legten sie ihre Klöster innerhalb der Städte an, meist in den Randzonen an der Stadtmauer. Hier war der Kontakt zu den Armen und Bedürftigen am engsten. Der Baugrund war billig; wo eine ältere stadtherrliche Burg abgebrochen worden war, war am ehesten Baufreiheit gegeben. Und schließlich kam gerade in der Wahl dieser Plätze das Armutsideal, die Demut und die bewußte Entgegensetzung zur Bischofskirche deutlich zum Ausdruck.

Das Kirchengebäude war ihnen zunächst nur notwendiges Obdach für ihre Predigt, sie nutz-

Erfurt, Dominikanerkirche (Predigerkirche)
Ansicht von Südwesten

Die Kirche der Franziskaner wurde ab 1291 als Pfeilerbasilika neu gebaut, der Chor war 1316 vollendet. Ihr Äußeres folgt konsequent den Geboten von Armut und Demut im Verzicht auf Türme und Schmuck.

ten bereits vorhandene Gebäude oder begnügten sich mit Behelfsbauten. Erst im dritten Viertel des 13. Jahrhunderts begannen sie, eigene Kirchenbauten zu errichten. Askese und Bedürfnislosigkeit prägten ihren Stil, die Predigt formte ihre Räume. Alles, was dem Armutsideal widersprach oder die Ausbreitung des gesprochenen Wortes im Raum behinderte, wurde aus dem Bauprogramm entfernt. Das Querhaus fiel weg. Aus dem Süden brachten sie das Ideal der Weiträumigkeit mit, die Arkaden des Mittelschiffs wurden höher und weiter, die Räume der Schiffe flossen zusammen. Der Kirchenraum wandelte sich über Zwischenstufen zur Halle. Sie griffen oft auf ältere Formen zurück, selbst die Flachdecke und das offene Sparrendach benutzten die Bettelorden wieder. Asymmetrische zweischiffige Anlagen wurden errichtet, wenn die Grundstücksverhältnisse eine dreischiffige Anlage nicht zuließen. Auf Türme ist konsequent verzichtet, nur ein Dachreiter nimmt das bescheidene Geläut auf. Der Bauschmuck ist sparsam, die Fenster meist mit hellen Grisaillen verglast. Aber trotz des Armutsgelübdes der Mönche, trotz Bedürfnislosigkeit und Askese entwickelte sich in der Bettelordensbaukunst eine eigene Formensprache, der es nicht an Monumentalität fehlt; die »Scheunenarchitektur« gewann Größe und Würde. Die Ordensbaukunst der Franziskaner und Dominikaner hatte auch Einfluß auf die Parochialbaukunst. Bettelordenskirche und Pfarrkirche lagen ja in unmittelbarer Nachbarschaft, und die Bauleute, die beide errichteten, waren nicht selten die gleichen zünftigen Handwerker.

Wichtige Beispiele der Bettelordensarchitektur sind die **Predigerkirche** der Dominikaner und die **Barfüßerkirche** der Franziskaner in **Erfurt.**

Die Predigerkirche ist eine sehr langgestreckte Basilika von 15 Jochen ohne Querhaus und mit eingezogenem Langchor. Ein Lettner im zehnten Joch scheidet den Mönchschor von dem Raum für die Gemeinde. Das Innere ist von strenger Klarheit. Der Arkadenschritt ist weit, die Pfeiler sind recht schlank. Die Gewölbeanfänger der Kreuzrippengewölbe sind bis auf die Höhe der Arkadenscheitel herabgezogen, die Dienste sind auf Konsolen abgefangen. Die hohen und weiten Arkaden lassen die Räume von Mittelschiff und Seitenschiffen zusammenfließen. Die Basilika zeigt in der starken Kommunikation der Schiffe eine deutliche Tendenz zum Hallenraum.

Am Außenbau ist durch den Verzicht auf Querhaus, Türme und Strebebögen ein hohes Maß an blockhafter Geschlossenheit erreicht. Einfache klare Formen, wohlabgestimmte Proportionen und eine sorgfältige Quadermauerung geben dem Bauwerk seine Monumentalität. Auf aufwendigen Bauschmuck ist ebenso verzichtet wie auf Farbverglasung der Fenster.

Im Gegensatz zur Architektur der Kathedrale wird nicht eine diaphane Wandstruktur angestrebt, sondern die Wand bleibt in großen Flächen und in ihrer Kontinuität als Raumgrenze gewahrt. Das Dienstsystem setzt oft erst über den Kämp-

Oppenheim, Stiftskirche St. Katharinen
Südseite des Langhauses

Schauwand mit reichem Maßwerk Anfang des 14. Jh. ausgebildet.

fern der Arkaden ein, wird nicht selten von Konsolen abgefangen und verliert an funktioneller Bedeutung, das Strebewerk wird auf Strebepfeiler beschränkt, der Schub der Hochschiffgewölbe entweder bei tiefgezogenen Anfängern der Hochschiffgewölbe über die Seitenschiffswölbungen oder über unter den Seitenschiffdächern verborgenen Strebebögen abgeleitet.

Manches aus dem Erbe der Zisterzienserbaukunst, die durch das Wesen der Bettelorden bestimmte stilistische Haltung der Bettelordenskirchen und die in der Entwicklung der Gotik in Deutschland erfolgte Reduktion der französischen Kathedralgotik stimmte überein und bereitete eine neue, sehr spezifische Stilstufe in der deutschen Gotik vor: die sogenannte Spätgotik.

Die Veränderungen des Raummantels hatten einen großen Einfluß auf die Gestaltung der Räume, die zu Vereinfachung und Vereinheitlichung drängte. Schon die Reduktion des Wandsystems, die wieder größere, zusammenhängende Mauerflächen gelten ließ, gab dem Raum klarere, eindeutigere Grenzen als die diaphane Wand. Das komplizierte Vorbild wurde vereinfacht, als die hansischen Kirchen auf ein Querhaus verzichteten und Kapellen und Umgangsjoche so verschmolzen, daß ein sechsteiliges Gewölbe sie überfangen und ein gemeinsames Dach sie decken konnte. Der stärkeren Verschmelzung der Räume dienten die weiten Langhausarkaden in Magdeburg und Freiburg. Der Wunsch der Bettelorden nach Weite und Klarheit des Raumes fiel auf fruchtbaren Boden, die Halle als Raumform gewann entwicklungsgeschichtliche Bedeutung.

Die Basilika war nie die einzige Form des christlichen Kirchenbaues; neben Zentralbauten als Memorien und Taufkirchen benutzten kleine städtische Pfarrkirchen und Dorfkirchen – im frühen Mittelalter auch Klosterkirchen – die Saal- oder Hallenform, aber im Verlauf der Jahrhunderte, vor allem unter der Regierung Karls des Großen, wurde die Basilika für kirchliche Großbauten zu einem geradezu kanonischen Typ. Mit ihren gestuften Räumen, die nach ihrer Lage zum Chor, ihrer Ausdehnung, ihrer Gestaltung durchaus eine unterschiedliche Wertigkeit zeigten und so denen, die sie benutzen durften, verschiedenen Wert beimaßen, war sie der Kirchentyp, der der Ordnung feudaler Gemeinwesen besonders entsprach.

Als in den Bürgerstädten das Bestreben dahin ging, Kirchenräume zu schaffen, die allen Christen Gleichheit zugestehen und ihnen deshalb gleichwertigen Raum bieten wollten, hielt sich die traditionelle Basilika; obwohl sie in der Frühgotik dem Streben nach einem, in seinen Teilen gleichwertigen und einheitlichen, Raum entgegenstand. Sie behauptete sich und wirkte sogar formbildend auf die entstehende Gotik ein. Sie bedingte z. B. die Ausbildung des Strebewerks mit Pfeilern und Bögen. Immer behielt deshalb der Raum auch einen Rest hierarchischer Stufung, nie konnten wirklich alle Teile des basilikalen Innenraums egalisiert werden, wenn auch

Soest, Pfarrkirche St. Maria zur Wiese
Innenraum zum Chorumgang

1314 oder wahrscheinlicher 1331 begonnen, 1376 wurden die Seitenaltäre geweiht, die Türme 1846/75 fertiggestellt. Die Pfeiler gehen ohne Kapitell und Kämpfer in die Bögen und Rippen des Gewölbes über.

Die deutsche Reduktionsgotik

die Raumvereinheitlichung im Mittelschiff so weit gedieh, daß zur Trennung zwischen dem Chor des Domkapitels und dem Langhaus der Gemeinde eine neugeschaffene Bauform – der Lettner – eingeführt werden mußte. Er, der Schranke und Bühne in einem war, grenzte das Domkapitel gegen die Gemeinde ab, erlaubte aber zugleich den Priestern, sich von der Lettnerbühne herab an die Gemeinde zu wenden.

Bei der Beibehaltung der Basilika und mit den Mitteln der Früh- und Hochgotik – also durch plastisch-körperliche Durchbildung der diaphanen Wand – war das Problem, einen einheitlichen, in allen seinen zugänglichen Teilen gleichwertigen Innenraum zu schaffen, nicht zu lösen. Die Möglichkeiten, die die Basilika der Raumgestaltung bot, waren erschöpft. Allein der dekorativen Gestaltung bot sie noch Spielraum für neue Lösungen, und dieser wurde in großartigen Maßwerkwänden, wie zum Beispiel an der Südseite der **Katharinenkirche in Oppenheim** oder an der Fassade von St. Lorenz in Nürnberg, bis zum letzten genutzt. Die neuen sozialen Verhältnisse der Städte in Raumbeziehungen widerzuspiegeln, dazu war die Basilika als gestufter Raum nicht mehr tauglich.

Da in den einzelnen Kirchsprengeln einer Stadt einander sozial etwa Gleichgestellte wohnten – die einzelnen sozialen Gruppen lebten ja in verschiedenen Vierteln der Stadt mit jeweils eigener Pfarrkirche – sollten auch für deren Kirchen Räume ohne sozial bedingte Stufung geschaffen werden. In den Kirchen der Bettelorden wiederum wollte man die Gleichheit aller Christen vor Gott betonen, wie das Totentänze und Weltgerichtsdarstellungen auch zeigen. So blieb allein die Hallenform, bei der jeder Raumteil dem anderen gegenüber gleichwertig ist, um in der Aussage und der Gestaltung zu neuen Ergebnissen vorzudringen.

Die in kleinen Pfarrkirchen fortbestehende Tradition des Hallenraums, den ja auch klösterliche Gemeinschaften für gemeinsame Räume ihrer Konventualen gepflegt hatten, wurde neu belebt. In allen deutschen Landschaften begannen sich nun auch für größere Pfarrkirchen, auch für Stiftskirchen, Hallen durchzusetzen. Die eigene Tradition wurde gefördert durch Einflüsse aus Italien und Südfrankreich, die oft von Bettelorden vermittelt wurden, auch das Poiteau und Westfalen gaben Impulse weiter.

In **Westfalen** sind als Neubauten besonders **St. Marien zur Wiese** (Wiesenkirche) in **Soest** (begonnen wohl 1331, 1376 Weihe der Altäre in den Nebenchören, 1421 Westbau mit den Türmen begonnen) und die Pfarrkirche Liebfrauen-Überwasser in Münster (1340–1346, Bau des Turmes nach 1361) zu nennen. Die Wiesenkirche, eine Vierstützenhalle mit parallelen Polygonen, geht auch in der Beziehung zwischen Stützen und Gewölbe neue Wege: Auf Kapitelle oder Kämpfer ist verzichtet, die Rippen treten unvermittelt aus den profilierten Pfeilern oder aus der Wand heraus, die logische Verbindung zwischen Dienst und Rippe, die die Struktur der Hochgotik bestimmt, ist aufgegeben.

Die ältesten Beispiele im **thüringisch-sächsischen Raum** sind die **Severikirche in Erfurt** und die **Marienkirche in Mühlhausen.** Die Erfurter Kirche, eine fünfschiffige Halle, folgt zum Teil den Grundmauern eines Vorgängerbaues und hat deshalb zwei Querhäuser und zwei Chöre. Innen trennen kräftige Pfeiler mit ihren Vorlagen noch deutlich Schiffe und Joche. Fünfschiffig ist auch die Halle der Marienkirche in Mühlhausen. In dem im Vergleich zur Erfurter Severikirche jüngeren Bau scheiden die reichen Bündelpfeiler die Schiffe nicht mehr so scharf.

Von besonderer Bedeutung bei St. Marien ist die Gestaltung der Südquerhausfassade. Hoch oben im Treppengiebel erscheint Christus als

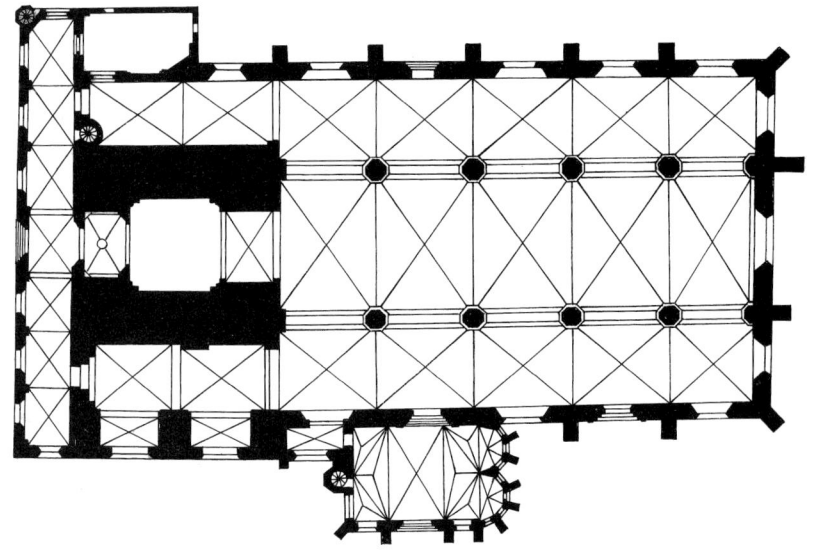

Greifswald, St. Marien Grundriß

Die Kirche wurde nach 1270 begonnen und im dritten Viertel des 14 Jh. mit dem Ostgiebel vollendet. Die dreischiffige, fünfjochige Halle mit in den Baukörper eingezogenem Westturm endet im Osten mit geradem Schluß, ohne daß der Chor sichtbar gegen das Langhaus abgesetzt wäre.

Die Gotik in Deutschland

Prenzlau, ehemalige Hauptpfarrkirche St. Marien
Ansicht von Osten

Der Westbau stammt noch aus dem 13. Jh. Nach einer Bauinschrift wurde die Kirche 1325 nach Abbruch des älteren Baues begonnen und war nach 14 Jahren fertiggestellt. Der mit Fialen und Maßwerk reich gebildete Giebel wandte sich dem Markt zu.

Die deutsche Reduktionsgotik

Weltenrichter in der Mandorla, darüber blasen zwei Engel die Posaunen des Jüngsten Gerichts, darunter bitten in einer Deesisgruppe Maria und Johannes der Täufer um Gnade für die armen Seelen. In Höhe des Fenstermaßwerkes sind auf Konsolen unter Baldachinen Maria mit Kind und die Heiligen Drei Könige dargestellt. Von einem Scheinaltar wenden sich über eine Brüstung hinweg Kaiser und Kaiserin, von Hofdamen und Kammerherren begleitet, der Stadtbevölkerung zu. Im Bilde wird so die Ankunft und das Erscheinen des Kaisers gleichgesetzt mit Adventus und Epiphanie Christi; auf einzigartige Weise bekundete so die Freie und Reichsstadt Mühlhausen ihre Treue zu ihrem kaiserlichen Herrn.

In **Westdeutschland** griffen die Hallenform auf St. Laurentius in Ahrweiler (begonnen 1296, Hauptchor vor 1300 vollendet), St. Clemens in Mayen (nach 1326) und die Stiftskirche St. Mariä Himmelfahrt in Kleve (1341–1426), eine Pseudobasilika, das heißt, das Mittelschiff der Kirche ist zwar höher als die Seitenschiffe, es besitzt aber keinen Lichtgaden, bekommt also kein direktes Licht. Schließlich ist auf das Langhaus der Heilig-Kreuz-Kirche in Schwäbisch-Gmünd (um 1330/40) zu verweisen.

Im **Backsteingebiet**, bei der **Marienkirche in Greifswald**, wirkte wohl am Ende des 13. Jahrhunderts noch der ältere westfälische Einfluß nach, aber mit ganz überraschender radikaler Konsequenz: Weder ein Querhaus noch ein Chor stören die Einheit des Hallenraumes. In der **Marienkirche zu Prenzlau** wurden dann zwar an den drei Schiffen flache Polygone ausgebildet, aber sie wurden unter einem gemeinsamen Giebel zu einer einheitlichen Schauwand zusammengenommen. Dieser Giebel gehört zu den feinsten Leistungen der Backsteinbaukunst, er weist schon hin auf den reichen Stil der Backsteingotik zu Beginn des 15. Jahrhunderts. Wie in Chorin ist hier das Prinzip divisiver Gestaltung streng eingehalten. Zwischen reich gegliederten Streben sind in drei Zonen maßwerkverzierte, durchbrochene Giebel eingespannt, die das gegebene Hauptthema in kleinerem Maßstab wiederholen.

Die deutsche Spätgotik hatte allenthalben begonnen und mit ihr die Herrschaft eines neuen Raumideals. Wenn auch die Prager Dombauhütte unter Peter Parler weiterhin Einfluß und Ansehen über die Grenzen Böhmens hinaus besaß, während der Hussitenunruhen die »Junker von Prag« in den verschiedensten Städten arbeiteten und neben ihnen die anderen großen Werkmeisterfamilien tätig waren, die Zeit der Kathedralen und mit ihnen der Bauhütten war vorüber. Städtische Pfarrkirchen und Zünfte wiesen jetzt der Architekturentwicklung die Wege.

Die deutsche Spätgotik

Als in Frankreich die Städte und ihre Bürger bereits politische Rechte errungen hatten und sich ein von der Krone regierter Nationalstaat herausbildete, war das Heilige Römische Reich Deutscher Nation zersplittert und ein Spielball unterschiedlicher machtpolitischer Interessen deutscher Fürsten und ausländischer Mächte; der Investiturstreit schon hatte die Grundlagen der Reichsverfassung, in der den Bischöfen als Grundherren und Amtsträgern des Reiches große Bedeutung zukam, erschüttert. Immer neue Privilegien preßten die Fürsten den Königen ab, Königswahlen wurden immer häufiger angefochten, das Interregnum nach dem Tode des letzten Staufers und die Doppelwahl von Alfons von Kastilien und Richard von Cornwall zu deutschen Königen im Jahre 1257 stürzten das Reich in tiefste Wirrnis. Rudolf von Habsburg, der 1273 zum König gewählt worden war, konnte nur gestützt auf eine starke Hausmacht regieren; in der Folge war natürlich das Interesse mehr auf den Ausbau eben der Hausmacht gerichtet, denn auf das Wohl des Reiches. Doch auch in Deutschland gewannen die Städte und ihre Bürger an Bedeutung und Einfluß im Reich, wenn das auch langsamer und unter Schwierigkeiten geschah. 1226 noch hatte König Heinrich (VII.) die Auflösung des ersten nachweisbaren Städtebundes rheinischer und hessischer Städte angeordnet. Ein Menschenalter später, 1254, schlossen sich Mainz, Worms, Oppenheim und Bingen zu dem auf zehn Jahre gebildeten Rheinischen Bund zusammen, dem bald 70 Städte im Rheinland, in Westfalen, Süddeutschland und Thüringen, aber auch die Erzbischöfe von Mainz und

Trier, die Bischöfe von Worms, Straßburg und Metz, die Rheingrafen und andere Feudalherren angehörten. Der Bund setzte sich für die Stärkung der Krone und den Schutz des Reichsgutes ein. Er zerbrach nach der besagten Doppelwahl deutscher Könige 1257 am Gegensatz zwischen Fürsten und Städten. Der 1381 von Städten des Rheinlandes, der Wetterau und des Elsaß gebildete Rheinische Städtebund schloß noch im gleichen Jahr einen Militärpakt mit dem Schwäbischen Städtebund. Zu diesem hatten sich unter der Führung Ulms 1376 14 Städte zusammengeschlossen und noch im gleichen Jahre eine Belagerung der Stadt durch kaiserliche Heere zurückgeschlagen. Dem Bunde gehörten zeitweise 40 Mitglieder an. Dem Pakt mit dem Rheinischen Städtebund folgte ein ähnlicher Vertrag mit Schweizer Städten 1385, die 1386 bei Sempach die Truppen der Habsburger schlugen. Aber auch dieser Bund zerbrach schließlich an den gegensätzlichen Interessen von Städten und Fürsten. Im 15. Jahrhundert wurde er in einem Bündnis schwäbischer Reichsstädte neu belebt. In der Lausitz hatten sich Bautzen, Görlitz, Zittau, Kamenz, Löbau und Lauban 1346 zum Sechsstädtebund zusammengeschlossen. Sein Ziel war die Sicherung des Landfriedens ebenso wie die der Herrschaft des Patriziats in den Städten. Der 1354 gebildete Zehnstädtebund elsässischer Reichsstädte bestand bis ins 17. Jahrhundert.

Der bedeutendste und mächtigste der Städtebünde war der der »Städte von der deutschen Hanse«. 1281/82 vereinigte sich die seit 1157 in London bezeugte Kölnische Hanse mit der Hamburger und Lübecker Hanse zur Hanse Deutschlands. Zusammen mit den Niederlassungen in Bergen, Brügge und Nowgorod bildeten sie die Genossenschaft der Kaufmannshanse, deren Ziel das Monopol im Zwischenhandel auf Nord- und Ostsee war. Nach und nach übernahmen die Heimatstädte der Kaufleute die Führung der Hanse, und Lübeck wurde deren Vorort; 1356/58 war der Prozeß der Bildung der Städtehanse abgeschlossen. Ihre Macht war so groß, daß sie einen Krieg gegen Dänemark unter König Waldemar IV. erfolgreich bestehen konnte. Die gleichen wirtschaftlichen Interessen der zeitweise 200 Mitglieder gaben der Hanse Dauer und Stabilität. Unbotmäßige Mitglieder wurden ausgeschlossen; respektierte ein Land die Privilegien nicht, wurden die Handelsbeziehungen zu ihm abgebrochen. Zugleich aber nutzten die Patrizier die Vereinigung auch, um in den Städten die Opposition von Handwerkern und Plebejern zu unterdrücken. Die Macht der Hanse ging zurück als englische und holländische Kaufleute, die Förderung in ihren ökonomisch und politisch erstarkten Heimatländern fanden, für die Hansestädte zu einer immer größeren Konkurrenz wurden, als auch zwischen den Hansestädten unterschiedliche Interessen auftraten und schließlich die oberdeutschen Städte zu ernsten Rivalen wurden. Die Schließung des Petershofes, des Kontors der Hanse in Nowgorod, 1494 war das sichtbare Zeichen für den Niedergang. Diese Entwicklung wurde dann schließlich bestimmt durch die Verlagerung der Handelswege nach der Entdeckung Amerikas.

Als im 15. Jahrhundert der Stern der Hanse zu sinken begann, gewannen die süddeutschen Städte immer größere Bedeutung. Auch sie betrieben den Fernhandel; vor allem im Handel mit Italien und über Italien hinaus mit dem Orient machten sie ihre Geschäfte. Aber sie beschränkten sich nicht auf den Zwischenhandel, sondern förderten auch die Warenproduktion in ihren Mauern und sicherten sich auf einzelne Waren eine Art Monopol, so etwa auf den Kupferhandel. Hinzu kam das Aufblühen des Bergbaus nicht nur in Sachsen, wobei besonders dem Abbau von Silber größtes Gewicht zukam. Der Erzhandel bot den Kaufleuten große Verdienstmöglichkeiten. Wie kein anderer Produktionszweig aber drängte der Bergbau zum Zusammenschluß der Arbeitskräfte, zur Manufaktur und zur Anwendung von Maschinen und damit zur Entwicklung der Produktivkräfte.

Die überkommenen Zustände in den Städten wurden aber auch in zunehmendem Maße durch innerstädtische Auseinandersetzungen erschüttert. Immer häufiger erhoben sich zunächst die kleinen Kaufleute und die Handwerker gegen die Patrizierherrschaft, bald aber griffen die Unruhen auch auf die Stadtarmut über, die Gesellen ohne Bürgerrecht, die Tagelöhner und anderen Plebejer. Das Patriziat, das zu einem Stadtadel geworden war, vermochte die neuen sozialen Schichten auch mit Hilfe der Partner der

Schwäbisch Gmünd, Pfarrkirche Heilig Kreuz
Grundriß

Um 1300 war das Hallenlanghaus in gedrungenen Proportionen begonnen worden, 1351/80 errichtete Heinrich Parler von Gmünd den Hallenumgangschor. Nach Einsturz von Gewölben erfolgte 1491/1521 die Neueinwölbung von Langhaus und Chor durch Alberlin Jörg und Hans Scheyb.

Städtebünde auf Dauer nicht von der Regierung der Städte fernzuhalten. In Zunftkämpfen (zum Beispiel schon 1292 in Ulm, 1334 in Regensburg, 1368 in Augsburg) erzwangen die Handwerksmeister ihren Anteil am Stadtregiment.

Im kulturellen Leben trat das Bürgertum immer entschiedener in den Vordergrund. Jetzt wurden auch im »Heiligen Römischen Reich Deutscher Nation« in größerer Zahl Universitäten gegründet: 1348 Prag, 1365 Wien, 1386 Heidelberg, 1388 Köln, 1392 Erfurt, 1409 Leipzig, 1419 Rostock, andere folgten etwas später. Eine Revolution des Bildungswesens brachte die Verbreitung des Buchdrucks mit beweglichen Lettern um 1450 in Deutschland. In der Literatur ging die Zeit des ritterlichen Minnesanges zu Ende, dieser wurde abgelöst vom bürgerlichen Meistergesang. Das Volkslied erlebte seine höchste Blüte. In Plastik und Malerei entstanden neue Bildgattungen: das Andachtsbild und die Tafelmalerei. Dem stark angewachsenen Bildbedürfnis kamen die neuen graphischen Techniken, zunächst der Holzschnitt, danach der Kupferstich, entgegen. Mit der Zunahme an Wirtschaftskraft, an Reichtum, sozialem Ansehen und politischem Einfluß wuchs auch beim Bürgertum der Wunsch und Anspruch, sich durch Stiftung von Kunstwerken nicht nur das Seelenheil zu sichern, sondern auch Ruhm und Gedenken bei den Nachkommen lebendig zu halten. Das Streben, den Schutz der Heiligen immer um sich zu haben und für die persönliche, private

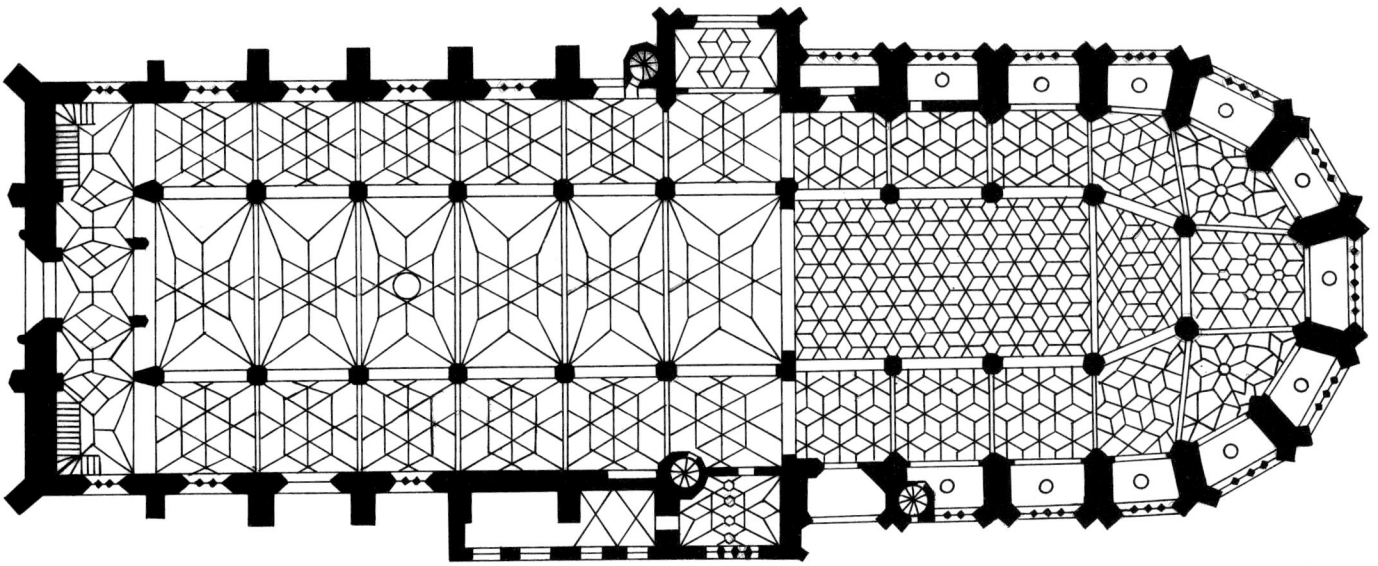

Die Gotik in Deutschland

Andacht auch im Hause einen verehrungswürdigen Gegenstand zu besitzen, der Drang nach Bildung und das Verlangen nach Repräsentation, drängten die Bürger immer häufiger zur Stiftung und zum Kauf von Kunstwerken. Mit der Geldwirtschaft wurde auch das Kunstwerk zur Ware, damit war es dem bildenden Künstler erst möglich, sich aus dem alten Verband der Bauhütte zu lösen und als selbständiger Meister zu arbeiten. Um ihre Interessen zu wahren, schlossen sich nunmehr die Künstler nach dem Vorbild der Handwerker in Zünften zusammen. Aus diesen gingen später die Persönlichkeiten hervor, die in der Dürer-Zeit die deutsche Kunst der Renaissance prägten.

Bedingt durch die frühbürgerliche wirtschaftliche und soziale Entwicklung, die neuen Auftraggeber und die neuen sozialen Schichten, an die sich die Kunst nun wandte, vollzogen sich seit 1350 tiefgreifende Veränderungen in bildender Kunst und Architektur, die zu einer neuen Qualität führten. Diese deutsche »Spätgotik« ist ein Stil, der mit traditionellen gotischen Formen ein neues Raumideal gestaltet. Über die Spätgotik ist »sehr wenig … ausgesagt, wenn man ihr Fischblasenmaßwerk, ihre hohlen Rippenprofile, ihr naturalistisches Pflanzenornament beschrieben hat … Vom Raumgefühl muß die Betrachtung ausgehen … wenn nun die Spätgotik ersichtlich die Bewegung abschwächt und ihren Richtungen die Bestimmtheit nimmt, was heißt das anderes, als daß im Bewußtsein der Menschen das Verhältnis von Diesseits und Jenseits ein anderes geworden war?« (G. Dehio, Geschichte der Deutschen Kunst, Bd. 2, Berlin und Leipzig 1923, S. 139).

Die **Pfarrkirche** liegt am Markt oder in dessen unmittelbarer Nähe. Ihr Äußeres ist schlicht und zeigt größte Einheitlichkeit. Vorspringende Bauteile fehlen, die Strebepfeiler sind eingezogen, ein einziges Dach von gewaltiger Höhe überdeckt den geschlossenen Baukörper. Ein Turm wird gegen das Kirchengebäude abgesetzt und in seinem Eigenwert betont. Wenn es der Pfarrkirche auch an einer gewissen Monumentalität nicht mangelt, so ist sie weder Denkmal noch Schauobjekt. Sie bietet der Gemeinde ihren Kirchenraum für Gottesdienst und Andacht.

Schwäbisch Gmünd, Heilig-Kreuz-Kirche
Chorinnenansicht

Der Chorinnenraum überrascht durch die Helligkeit und Weite des Raumes.

Raum und Raummantel sind klar geschieden, die Kontinuität der Wandfläche ist wiederhergestellt, diese wird horizontal gegliedert. Der Innenraum wird als in allen Teilen gleichwertiger Einheitsraum erlebt, der durch die gewölbetragenden Stützen nur gegliedert, nicht aber geteilt ist. Alle Formen, die umlaufende Empore, die Verschleifung der Joch- und Schiffsgrenzen, die Netz- und Sterngewölbe dienen diesem Raumerlebnis. Kein System von Leitlinien zwingt den Blick in seine Bahnen, das Auge kann frei schweifen, der Raum selbst schwingt nach allen Richtungen und findet in den Wänden einen klaren Abschluß. Chor und Gemeinderaum sind in diesem Predigtraum vollkommen verschmolzen, Kapellen um den Innenraum bieten Platz zu privater Andacht. Gegenüber dem kargen Äußeren gibt sich das Innere oft reich und schmuckvoll.

Schwäbisch Gmünd, Heilig-Kreuz-Kirche
Choransicht

Der Chor Heinrich Parlers zeigt das Streben nach Geschlossenheit und Lagerung bei Betonung der Horizontalen.

Die deutsche Spätgotik

Vom Raume her wurde hier geschaffen, was die frühe Gotik bereits anstrebte: Das gesamte Raumvolumen der Kirche wurde zu einem in allen Teilen gleichwertigen kommunizierenden Erlebnisraum, die Egalisierung des Raumes war verwirklicht.

Die Kathedrale war nicht nur ein den Gläubigen umfangendes Gehäuse, sie war für ihn auch ein Gegenüber, das betrachtet werden wollte, deshalb verschmolzen Architektur und Bildnerei zu einem monumentalen Ganzen. Die spätgotische Pfarrkirche aber ist nur noch umfangender Raum, ist ganz und gar Gehäuse. Jede monumentale Ansprache liegt ihr fern, deshalb verzichtet sie auch auf die Ausbildung repräsentativer Schauwände. Zum Gegenüber wurde der Altar, und er ist jetzt der vornehmste Platz der Bildwerke. In der Herkunft seiner Formen und seiner Komposition weist er auf die Kathedralfassade zurück; noch immer geben Architekturformen den Rahmen für die Bildwerke ab, schaffen für diese einen Raum, aber schon steht die Architektur im Dienste der Bildwerke. Die Bildnerei hat sich von der Architektur gelöst, ihre Werke wandeln sich von Teilen eines umfassenden Ganzen zu Einzelwerken. Sie wenden sich an den einzelnen, werden zum Gegenstand seiner privaten Andacht, zum Andachtsbild.

Ehe Peter Parler nach Prag berufen wurde, hatte sein Vater Heinrich von Gmünd den Bau des Chores der **Heilig-Kreuz-Kirche in Schwäbisch Gmünd** begonnen, den er dem älteren Hallenlanghaus anfügte. Nach einer Bauinschrift am Nordportal wurde der erste Stein zum Fundament am 16. August 1351 gelegt. War der Sohn durch das Werk seines Vorgängers und den Willen des Bauherrn an eine Tradition gebunden, so vermochte der Vater frei zu gestalten und konnte im Hallenumgangschor ein entwicklungsgeschichtlich bedeutsames, in Raumwirkung und äußerer Gestalt gleich neuartiges Werk errichten. Vorbereitet war die neue Chorform durch den Meister des Chores der Zisterzienserkirche in Zwettl in Österreich, der den ersten Hallenumgangschor mit Kapellen errichtete.

Acht schlanke Rundpfeiler ohne Dienste tragen das Gewölbe des dreischiffigen Hallenchores, zwei weitere trennen das 3/6-Polygon vom Umgang. Der Stützenabstand beträgt etwas mehr als die halbe Mittelschiffbreite. An den Umgang legen sich in ununterbrochener Folge zwischen den Strebepfeilern Kapellen, die eine flache Raumzone bilden. Der Hallenraum ist ungewöhnlich licht und hoch. Hell hebt er sich vom Hintergrund der Wand ab. Diese ist zweizonig, über den Kapellen folgen die Fenster. Große Mauerflächen werden von zarten Vertikalen und kräftigen Horizontalen gegliedert. Der Raummantel ist nicht mehr als plastisch-körperliches Gerüst gebildet, die Kontinuität der Wand ist wiederhergestellt, die Flächen erfahren eine optische Belebung durch Hell-Dunkel-Gegensätze.

Der Raumeinheit im Innern entspricht die blockhafte Geschlossenheit des Äußeren. In der unteren Zone sind Kapellen und Streben hinter einer polygonal geführten Wand zusammengenommen, erst über den Kapellen treten die Strebepfeiler vor die Wand, werden aber durch Schrägflächen, Nischen und dünnes Stabwerk in ihrer Körperlichkeit entwertet. Scharfkantige, schräg gestellte Leisten, die nicht mit tastbaren Rundungen rechnen, sondern mit dem Gegensatz unterschiedlich beleuchteter Seiten, rahmen die Flächen. Der Vertikalismus ist zurückgedrängt, die kräftigen Horizontalen herrschen vor. Den leisen Höhendrang der oberen Fenster fängt ein kräftiger Segmentboden ab.

In enger Beziehung zu den Parler-Bauten steht die **Frauenkirche zu Nürnberg**, die Karl IV. gestiftet hat. Sie ist eine Vier-Stützen-Halle mit neun Kreuzrippengewölben. Die Joche in den Hauptachsen sind etwas größer als die in den Winkeln. Der Chor ist zweijochig und hat einen 5/8-Schluß. Vor der Westfassade liegt eine zweigeschossige Vorhalle mit dem Michaelschor im Obergeschoß. Der Innenraum wirkt klar und hell.

Offensichtliche formale und strukturelle Zusammenhänge mit dem Chor der Heilig-Kreuz-Kirche in Schwäbisch-Gmünd von Heinrich Parler d. Ä. bestehen ebenso am Ostchor der **Sebalduskirche zu Nürnberg**, ohne daß aber eine direkte Abhängigkeit gegeben wäre. Der Chor, der das bronzene Sebaldusgrab der Vischer-Hütte mit dem Sebaldusschrein birgt, wurde in der Breite des abgebrochenen älteren Querhauses errichtet. Der Vertikalismus seiner Pfeiler, Wandpfeiler und Fenster wird gemildert durch die Weiträumigkeit des hellen Chores.

Xanten, Stiftskirche St. Viktor
Mittelschiff nach Osten

1263 wurde ein Neubau mit dem Chor begonnen, 1437 waren die Ostteile vollendet, das Langhaus entstand nach 1483, seit 1492 fünfschiffige Anlage. Die Arbeiten zogen sich bis 1559 hin.

Die Parler waren aus der Kölner Dombauhütte hervorgegangen, Mitglieder der Familie waren dort auch weiter tätig, so Heinrich IV. Parler, der an den Portalskulpturen mitgearbeitet hat. Aus dem Formenschatz der Kölner Dombauhütte leiten sich auch die Formen ab, die der Saalchor zeigt, der in der zweiten Hälfte des 14. Jahrhunderts dem Zentralbau der karolingischen Pfalzkapelle in **Aachen** angefügt wurde. Es ist ein Skelettbau, in dem der nachklassische Vertikalismus zur letzten Ausprägung gelangt. Ohne Kapitelle und Kämpfer geht das dünne Stabwerk der Dienste in die Gewölberippen über. Dazwischen sind die riesigen Glasflächen der Fenster gespannt, diese sind so groß bemessen, daß ihre Laibung außen von den Strebepfeilern angeschnitten wird. Die Pfeiler sind außen im oberen Drittel, innen in Höhe der Sohlbänke mit Figuren besetzt. Augenfällig ist die Verwandtschaft des Raumes mit dem der Oberkirche der Ste-Chapelle in Paris. Aus der gleichen niederrheinisch-kölnischen Architekturentwicklung ist die **Stiftskirche zu Xanten** hervorgegangen. Es ist eine fünfschiffige Basilika mit einem gestaffelten Chor, der an den der Liebfrauenkirche zu Trier erinnert.

Die deutsche Spätgotik

Um die Wende vom 14. zum 15. Jahrhundert bewahrten im süd-, südwest- und westdeutschen Hausteingebiet die großen und weitverzweigten Werkmeisterfamilien noch immer das Formengut der Hüttenkunst, es war dies ein Pfund, mit dem sich wuchern ließ. In der zweiten Hälfte des 14. Jahrhunderts bereits waren die Mitglieder der Familie Parler, ihre Mitarbeiter und Schüler an wichtigen Bauten tätig. Als während der Hussitenstürme die Prager Dombauhütte zum Erliegen kam, gingen die Nachkommen Peter Parlers, die »Junker von Prag«, in die benachbarten Länder und wirkten dort mit den mit ihnen verschwägerten Werkmeisterfamilien schulbildend. Sie waren versippt mit den Ensingern, den Böblingern, den Roritzern und den Prachatitzern in Wien. Sie alle hatten sich eine ansehnliche Zahl kirchlicher Großbaustellen gesichert. Die Hüttenordnungen erlaubten dem einzelnen Werkmeister, gleichzeitig bis zu fünf Bauten vorzustehen, dank der Arbeitsteilung in der Hütte und der Leitung der Bauausführung durch die Parliere war dies auch möglich und bot zugleich Jüngeren, die Meister werden wollten, die Gelegenheit, Erfahrungen bei der Bauleitung zu sammeln, die sie vorweisen mußten, wenn sie selbst einmal einen Bau übernehmen wollten.

Diese Traditionen der Werkmeisterfamilien bewahrten wohl das Formengut der großen Dombauten, aber diese waren nun nicht mehr die entscheidenden Kirchenbauten. Es waren jetzt die großen Pfarrkirchen, an denen sich die weitere Entwicklung der Baukunst vollzog. Auch hatten nun nicht mehr Domkapitel und Bauhütten das entscheidende Wort, sondern die Bürger und ihre Räte. Dies ging schließlich so weit, daß diese auch Rechte an dem geistigen Eigentum der Werkmeister, das früher im Besitz der Hütte bzw. der Werkmeisterfamilie verblieb, geltend machten. So legte 1470 ein Vertrag zwischen der Stadt Ulm und dem Baumeister Moritz Ensinger fest, daß dieser seine und seines Vaters Visierungen für den Münsterturm, aber auch die Pläne für das Berner Münster der Stadt auszuhändigen habe, wenn er diese verlassen würde.

Die Pfarrkirchen übernehmen jetzt nicht nur die Formen der Kathedralen, sicher mit mancher Reduktion und Veränderung besonders im Chorbereich, sondern sie wetteiferten mit den Dombauten auch in den Abmessungen. So gedieh das **Ulmer Münster**, eine Pfarrkirche, zu einer Größe, die in Deutschland nur vom Kölner Dom übertroffen wird. Die Grundfläche des Ulmer Münsters beträgt im Lichten etwa 5100 Quadratmeter, das entspricht einem Fassungsvermögen von rund 29 000 Personen. Die Stadt aber zählte zu dieser Zeit höchstens 20 000 Einwohner, denen auch noch andere Kirchen zur Verfügung standen.

Der Neubau wurde nach der erfolgreichen Abwehr der kaiserlichen Belagerung durch den Schwäbischen Städtebund 1377 zunächst mit geringeren Abmessungen begonnen. Eine Urkunde von 1387 nennt zwei Meister mit Namen

Aachen, Münster St. Marien und Salvator
Chorinnenansicht

Außen und innen zeigt sich der Chor als reiner Skelettbau; der Raum erinnert an die Oberkirche der Ste.-Chapelle in Paris.

Aachen, Münster St. Marien und Salvator
Choransicht

Die Pfalzkapelle Kaiser Karls des Großen (um 790-805) erhielt zwischen 1355 und 1414 einen gotischen Saalchor.

Die deutsche Spätgotik

Ulm, Münster Unserer Lieben Frauen
Ansicht von Westen

Der Bau der Stadtpfarrkirche wurde 1377 mit dem Chor begonnen, 1391 waren die Ostteile fertig. 1392 übernahm Ulrich Ensinger die Leitung des Langhausbaues und begann den Westturm. 1474/91 vollendete Matthäus Böblinger die drei Geschosse des Turmvierecks und begann das Oktogon, 1529 wurden die Arbeiten eingestellt. Nach Böblingers Plänen vollendete man 1844/90 den Turm.

Ulm, Münster
Mittelschiff

Gegenüber dem von Mitgliedern der Parlerfamilie gebauten Chor änderte Ensinger den Hallenplan zur Basilika und gab dem Bau größere Maße. Die Wölbung erfolgte 1405.

Heinrich und einen Meister Michael. Nach einer Platte mit dem Meisterzeichen der Parler von Gmünd dürften die drei ersten Werkmeister der Familie Parler angehört haben. Diese planten das Münster als Halle und führten den Saalchor bis zum Fensterabschluß auf. Das aus dem Zehneck abgeleitete Polygon zeigt die für die Parler charakteristische Verschleifung.

Das ohne Querhaus anschließende Schiff, dessen Maße in einer zweiten Bauperiode so vergrößert wurden, daß die Kirche zum Ausdruck des Selbstbewußtseins der schwäbischen Städte wurde, gibt die Halle zugunsten der Basilika auf.

In **Mitteldeutschland** sind die Ausstrahlungen der Parler-Hütte an den Ostteilen der **Moritzkirche in Halle** an der Saale deutlich sicht-

bar. Den Chorneubau leitete Conrad von Einbeck, der aus der Parler-Hütte in Prag kam und 1382 in Halle als »Meister der Steinmetzen« genannt wurde. Er errichtete den Haupt- und den nördlichen Nebenchor sowie das Hallenlanghaus bis zur Baunaht des heutigen Baues. Details im Fenstermaßwerk und an den Profilen lassen sich auf die Prager Hütte zurückführen, ebenso der reiche Schmuck am Choräußeren mit den Konsolfiguren.

Die Moritzkirche ist eine dreischiffige Halle von acht Jochen mit starken Pfeilern und schweren Arkaden. Die östlichen Seitenschiffjoche haben Sterngewölbe, sonst ist der Bau mit einem Netzgewölbe geschlossen. Außen fällt der Gegensatz zwischen dem reichen Schmuck an

Ulm, Münster
Südseitenschiff
Innenansicht

In die Seitenschiffe von mehr als Mittelschiffbreite stellte Burkhard Engelberg 1494/1507 jeweils eine Stützenreihe ein, wandelte sie so in zweischiffige Hallen mit dichtem Netzgewölbe und erreichte größere Stabilität.

Die deutsche Spätgotik

Halle, Pfarrkirche St. Moritz
Choransicht

1388 begann Conrad von Einbeck den Bau der Stiftskirche der Augustinerchorherren, zur Weihe 1411 waren Haupt- und Nebenchor und die östlichen Langhausjoche fertig. Deutlicher Einfluß der Prager Parler-Hütte im Aufbau der Zonen des Chores.

Halle, Pfarrkirche St. Moritz
Ansicht des Mittelschiffes nach Osten

Das Langhaus wurde ab 1448 unter Johann Rode vollendet. Die Ostteile bergen Bildwerke Conrads, darunter eine Porträtbüste, die als Selbstbildnis gilt.

geht auf Hans Stettheimer zurück, der 1389 in einer Urkunde genannt wird, und der die Bauleitung bis zu seinem Tode im Jahre 1432 innehatte.

St. Martin, ein Backsteinbau, ist eine dreischiffige Halle mit eingezogenem Saalchor und einem Einturm im Westen. Wenn auch im Langchor und den kräftigen Schildbögen zwischen den Schiffen noch basilikale Raumvorstellungen nachklingen, so erweist die Halle selbst ihren Schöpfer als einen hervorragenden Meister in der Errichtung weiter, von Licht durchfluteter Hallenräume. Die Halle hat neun Joche, die Seitenschiffe sind halb so breit wie das Mittelschiff. Die Pfeiler haben ganz außerordentlich schlanke Proportionen von 1:22. Das Gewölbe ist eine Tonne mit unterlegtem Rippennetz. Zwischen die ausladenden Strebepfeiler sind flache, niedrige Kapellen gelegt, wie dies schon am Chor der Heilig-Kreuz-Kirche in Schwäbisch-Gmünd geschehen war, nur ist hier das Motiv auch auf die Langhauswände übertragen. Der spröden, jeden überflüssigen Dekor vermeidenden Formensprache im Innern entspricht die Klarheit und Schlichtheit des nur durch Fenster und Strebe-Haupt- und Nordnebenchor und der Kargheit der übrigen Teile auf.

Eine ganz eigenständige Gruppe, die allerdings nicht ohne Ausstrahlung blieb, sind die Kirchenbauten Hans Stettheimers im **bayerisch-salzburgischen Gebiet.** Das Hauptwerk ist die Stadtpfarrkirche **St. Martin in Landshut.** Die Stadt Landshut hatte sich nach einem Stadtbrand wieder erholt und wurde für ein Jahrhundert zum Sitz der drei »reichen Herzöge« aus dem Geschlecht der Wittelsbacher. Eine mächtige Kirche sollte der Bedeutung der Stadt Ausdruck verleihen und zugleich der Repräsentation der Fürsten dienen, drei große fürstliche Hochzeiten wurden in ihr gefeiert; sie ist eine der bedeutendsten in Süddeutschland. Der Entwurf

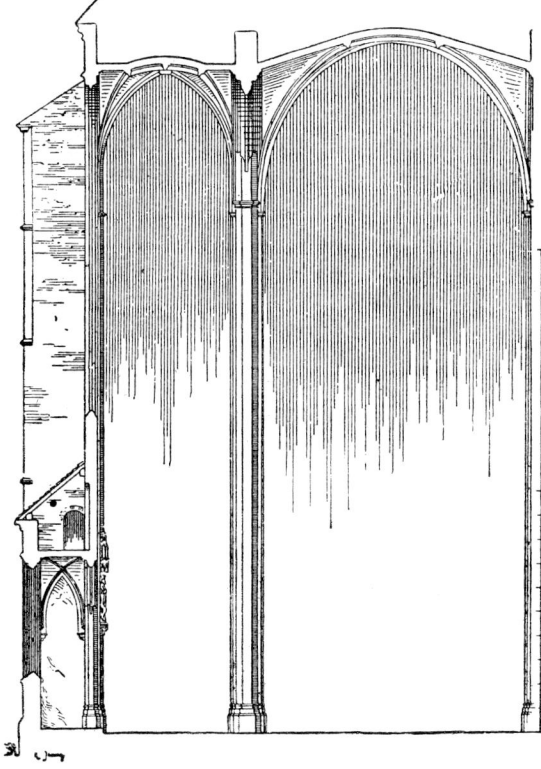

Landshut, Pfarrkirche St. Martin
Schnitt

Der Schnitt durch das Kirchenschiff zeigt die ungewöhnlich steilen Proportionen bei extrem schlanken Pfeilern.

Die deutsche Spätgotik

Landshut, St. Martin
Innenansicht nach Osten

An den Innenseiten sind die Achteckpfeiler so schlank, daß die Grenze des statisch Möglichen erreicht scheint. Helligkeit und Weite des Raumes sind mit einer für die Zeit ungewöhnlichen Höhenerstreckung verbunden.

pfeiler gegliederten Äußeren unter dem gewaltigen Satteldach. Im Kontrast dazu steht der aufwendig gebildete, schlank wirkende Einturm, der mit seinen 132,5 Metern der zweithöchste des Mittelalters nach dem Straßburger Münsterturm war und bis zur Höhe der landesherrlichen Burg über der Stadt aufragte. Er folgt dem Vorbild von Hausteintürmen, der quadratische Unterbau wird oberhalb des Dachfirstes in ein Oktogon übergeleitet, das zum Teil von vier oktogonalen Treppentürmchen begleitet wird.

Das Epitaph des Hans Stettheimer an der Außenwand des Seitenschiffs zeigt unter einem Baldachin die Halbfigur eines Schmerzensmannes, darunter trägt eine Büste die ausdrucksvollen Züge des gealterten »Meisters der Kirche« und ist so eines der frühesten Porträts der deutschen Kunst. Die Inschrift nennt den Meister als Erbauer von sechs weiteren Kirchen: der Karmeliterkirche in Straubing (begonnen um 1378), der Nikolaikirche in Neuötting (begonnen 1410), des Chores der Franziskanerkirche in Salzburg (begonnen 1408), der Heilig-Geist-Spitalkirche in Landshut (begonnen 1407), von St. Jakob in Wasserburg am Inn (begonnen 1410) und St. Jakob in Straubing (Anfang des 15. Jahrhunderts).

Das **nordostdeutsche Backsteingebiet** blieb in diesen Jahrzehnten weitgehend frei von den Einflüssen des Hausteingebietes und den Traditionen der Bauhütten. Dies hatte unter anderem einen Grund darin, daß der Steinmetz, der ja der entscheidende Mitarbeiter der Hütte war, beim Backsteinbau kaum eine Rolle spielte, wenn man von den wenigen in Haustein ausgeführten Teilen an Kapitellen, Fenster- und Portalrahmungen einmal absieht. Hier war der Maurer der wichtigste Handwerker, der Ziegel und Formsteine in vielfältiger Weise vermauerte.

Seit etwa 1300 hatte sich der Typ der hanseschen »Bürgerkathedrale« verbreitet; die Lübecker Hauptpfarrkirche St. Marien wurde schon um 1270 zum Vorbild der Stralsunder Altstadtpfarrkirche St. Nikolai, Ende des 13. Jahrhunderts schloß sich diesem Beispiel die Hauptpfarrkirche St. Marien in Rostock an, im ausgehenden 14. Jahrhundert dann die Nikolaikirche in Wismar, um nur einige Bauten anzuführen. Die Marienkirche in Stralsund, die auch in dieser Tradition steht, entwickelte den Typ weiter.

Der Grundriß des Neubaus der **Pfarrkirche der Stralsunder Neustadt St. Marien** zeigt deutlich, daß ihrem Grundriß ein kathedraler Plan zugrundeliegt. Es ist eine kreuzförmige, in Lang- und Querhaus dreischiffige Basilika mit Chorumgang und flachen, mit den Umgangsjochen unter ein Gewölbe genommenen Umgangskapellen. Steht diese räumliche Zusammenfassung von Umgangsjochen und Kapellen in der auf Lübeck zurückgehenden Tradition, so weist die geringe Tiefe der Kapellen, ihre gerade, nicht polygonal ausstrahlende Außenwand auf

Landshut, St. Martin
Ansicht

Die Pfarrkirche wurde vor 1384 mit langgestrecktem Saalchor begonnen, Werkmeister war Hans Stettheimer. 1459 wurden die Gewölbe geschlossen, und um 1500 war der 133 m hohe Turm vollendet.

Die deutsche Spätgotik

Stralsund, St. Marien
Ansicht von Südosten

Der basilikale Aufbau wird nicht durch Strebewerk verschleiert, beherrschend ist der Westbau mit seinem zentralen Turm.

eine Entwicklung, die der in Süddeutschland durchaus vergleichbar ist. Das gilt auch für die bereits im ersten Plan vorgesehenen flachen Kapellen zwischen den Strebepfeilern am Langhaus; die gleichen Kapellen in Lübeck waren ja spätere Anbauten. Das Innere, das auch dem Vorbild der »Bürgerkathedralen« folgt, ist von einheitlichem, wohldurchdachtem Aufbau. Wie meist im norddeutschen Backsteingebiet sind die Fenster nur im oberen Teil verglast, darunter, wo die hohen Umgangs- und Seitenschiffdächer anfallen, werden sie in Blendform bis auf einen Laufgang über den Arkadenscheiteln herabgezogen. Auf diesem täuschen Maßwerkarkaden ein Triforium vor. Der Kreuzrippenwölbung liegt die gotische Travée zugrunde. Im Westen erhebt sich vor dem Langhaus ein ausladender Querbau, über dessen Mitte ein mächtiger, gedrungener Einturm aufsteigt. Achteckige Treppentürme an den vier Ecken des zentralen Turmes, schlankere an den Fronten des Querbaus ergänzen die Gestalt dieses eindrucksvollen Westbaus. Die hohen Raumschächte in seinem Innern haben reiche Sterngewölbe. Der Turm ist aufwendig gegliedert, der Baukörper der Kirche eher schmucklos, es wirkt nur der Wechsel der Fenster und der großen Backsteinflächen.

Anders als im hansischen Quartier ist in der Backsteinarchitektur der **Mark Brandenburg** stärker der Einfluß aus dem Hausteingebiet zu spüren, besonders aus Böhmen sind z. B. in einzelnen Chortypen Anregungen wirksam geworden. Das ist nicht weiter verwunderlich, da Kaiser Karl IV. 1373 im Vertrag von Fürstenwalde die Mark Brandenburg gekauft hatte und die Pfarrkirche St. Stephan dem von ihm auf der Burg von Tangermünde, die er zu einer zweiten Residenz ausbauen wollte, gegründeten Augustiner-Chorherrenstift unterstellt war.

St. Stephan wurde im Jahre des Landerwerbs – 1373 – mit dem sechsjochigen Langhaus begonnen, die Kreuzrippenwölbung erfolgte nach 1400, der Chor wurde einer Bauinschrift zufolge nach 1470 errichtet. Manche Einzelheiten, besonders bei der Verwendung von farbig glasierten Formsteinen in den Mustern von Blendmaßwerk, weisen auf eine Verbindung zur Katharinenkirche in Brandenburg.

Stralsund, St. Marien
Innenansicht

Auch der Innenraum folgt dem Vorbild einer Kathedrale, Maßwerkarkaden täuschen ein Triforium vor.

Stralsund, Pfarrkirche der Neustadt St. Marien
Grundriß

Der Bau wurde nach 1350 begonnen, 1382 zerstörte ein einstürzender Turm den Chor, es folgte ein erweiterter Neubau. Die Vorhalle am Nordquerhaus entstand 1427. Der Grundriß folgt einem kathedralen Plan, verschleift aber nach hansischer Tradition Umgangsjoche und Chorkapellen.

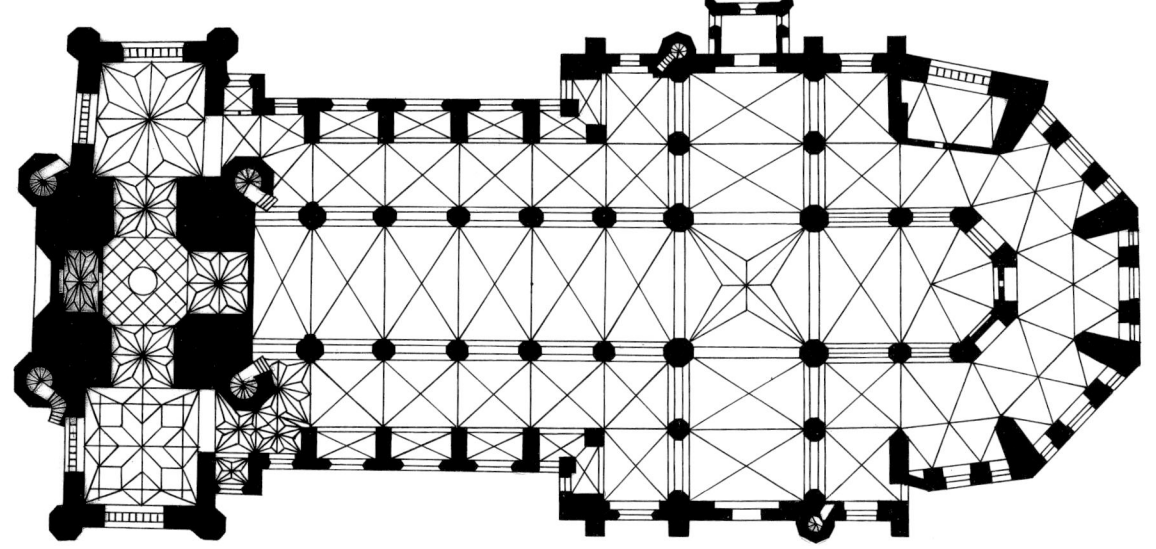

Die deutsche Spätgotik

Die **Pfarrkirche der Neustadt von Brandenburg, St. Katharinen**, ist zweifelsohne das reifste Werk der Backsteingotik in der Mark Brandenburg, zugleich ist sie ein hervorragendes Beispiel des »reichen Stils« in der Backsteinbaukunst. Ihr Meister war Hinrich Brunsberg aus Stettin, dessen Wirken auch in Stargard, Greifswald, Prenzlau und Tangermünde seine Spuren hinterlassen hat. 1428 wird er zum letzten Male in Schwerin genannt.

Die Katharinenkirche ist eine dreischiffige Halle von siebem Jochen mit 3/8-Schluß im Mittelschiff. Die Seitenschiffe sind als Umgang um das Chorhaupt geführt und bilden mit den Außenmauern fünf Seiten eines Zwölfecks. Die Strebepfeiler sind eingezogen, werden von zwei schlanken Lanzettbögen übereinander durchbrochen und schaffen flache Nischen um die Fenster. In Chor und Südseitenschiff ist zwischen sie eine Empore eingezogen. Die Seitenschiffe besitzen Stern- und Kreuzrippengewölbe im Wechsel, das Netzgewölbe im Mittelschiff entspricht nicht mehr Brunsbergs Planung. Der

Brandenburg, St. Katharinen
Giebeldetail der Fronleichnamskapelle

Höchst kunstvoll sind verschiedenfarbig gebrannte Formsteine zu einem prachtvollen Schaugiebel gefügt.

Brandenburg, St. Katharinen
Außenansicht

Der Chor wirkt blockhaft geschlossen, nur die flach vor der Wand liegenden Streben besitzen eine feine Stabwerkgliederung und in drei Zonen Figurentabernakel.

Die Gotik in Deutschland

Innenraum wird durch das Streben nach räumlicher Einheit geprägt. Die glatten Backsteinwände außen sind durch Lisenen mit reicher Blendgliederung aus zum Teil glasierten Formsteinen verziert. In drei Geschossen werden aus Stabwerk unter Wimpergen Nischen gebildet, die Figuren aus gebranntem Ton aufnehmen. Den Höhepunkt erreicht der dekorative Filigranschmuck an den Schaugiebeln der Kapellen. Hier ist ausgeschöpft, was das aus Formsteinen gefügte Maßwerk bot.

Vorbereitet an Giebellösungen in Greifswald, Prenzlau und Neubrandenburg, wird im Schaffen Brunsbergs mit den spezifischen Mitteln des Backsteinbaues ein Stil ausgebildet, der dem sogenannten Weichen Stil in Süd- und Mitteldeutschland durchaus entspricht. In welchem Maße diese Formeigentümlichkeiten dem Verlangen der Städtebürger nach Repräsentation und reicher Ausbzierung auch ihrer profanen Bauten entgegenkam, wird dadurch deutlich, daß er auf kommunale Bauten wie Rathäuser und Stadttore (z. B. Tangermünde, Neubrandenburg, Stendal) übertragen wurde und daß seine Nachklänge in Wohnhausfassaden noch lange zu verfolgen sind.

In den Hausteingebieten Mittel-, Süd- und Westdeutschlands sicherten die von den großen Werkmeisterfamilien geleiteten Bauhütten mit ihrem Stamm gut geschulter Steinmetzen die Kontinuität der zum Teil noch auf die hochgotische Kathedrale zurückgehende Formensprache. Die enge Verbindung der Meister untereinander und ihre Tätigkeit auf verschiedenen Baustellen zur gleichen Zeit schufen andererseits gute Voraussetzungen dafür, daß neue Raumkonzeptionen, veränderte Chorformen, eine starke Durchlichtung der Hallenräume, neuartige Gewölbe und entwickelte Technik rasche Verbreitung finden konnten.

In Bayern fand die Art Stettheimers vielfache Nachfolge. In der Tradition seiner Landshuter Spitalkirche steht zum Beispiel die Stadtpfarrkirche **St. Martin in Amberg**. Die Kirche ist eine dreischiffige Halle mit einem Umgangschor, der in sieben Seiten eines Zehnecks schließt. Chor und Schiffe verschmelzen vollkommen. Die Strebepfeiler sind nach innen gezogen, zwischen ihnen ist eine Empore um den ganzen Innenraum geführt, unter der sich flache Kapellen befinden. Schlanke Rundpfeiler tragen Parallelrippengewölbe im Mittelschiff und Sterngewölbe in den Abseiten. Die Wölbung im Chorumgang erfolgte mit Hilfe von Rippendreistrahlen. Die weiten Intervalle zwischen den dünnen, glatten Stützen bieten ständig wechselnde Durchblicke,

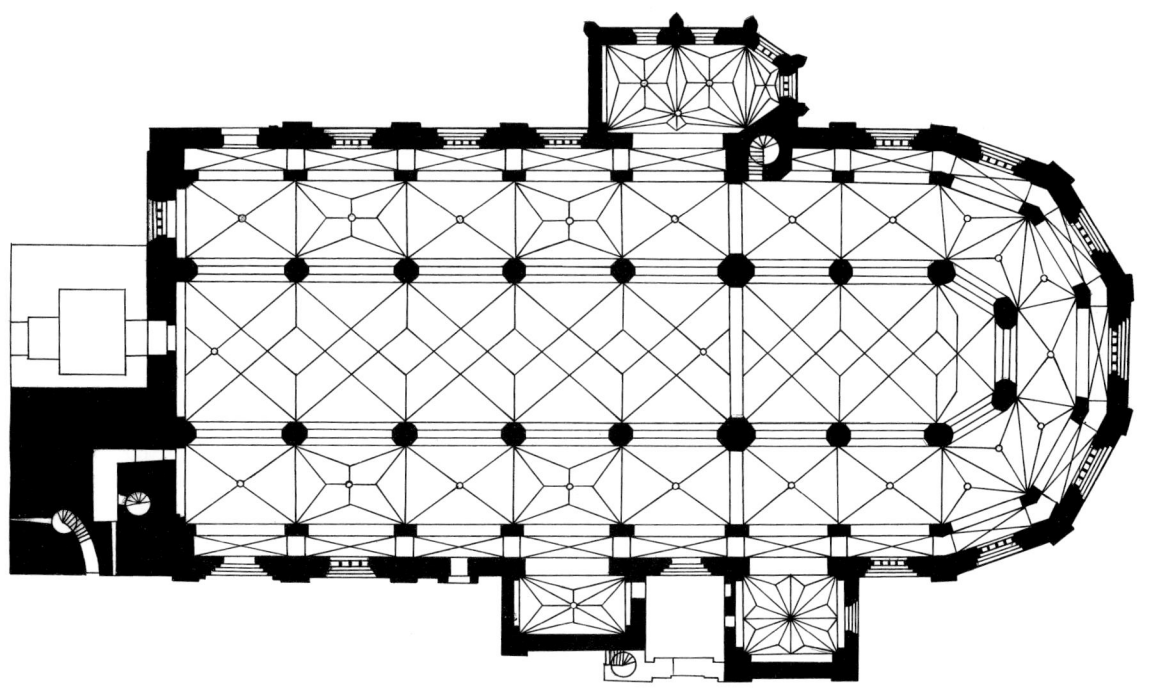

Brandenburg, Pfarrkirche St. Katharinen
Grundriß

Der Neubau der Backsteinkirche wurde um 1380 begonnen. 1401/34 entstand die Marienkapelle an der Nordseite, 1437 wurde der Altar in der Fronleichnamskapelle geweiht. Baumeister war Hinrich Brunsberg aus Stettin.

Die deutsche Spätgotik

der Raum selbst ist in allen seinen Teilen hell und licht. Alle Formen, besonders das Muster der Rippenfiguration und die umlaufende Empore betonen die Einheit des Raumes, zielen auf Beruhigung und Ausgleich zwischen Vertikalen und Horizontalen. Der Außenbau mit glatten Wänden in horizontaler Schichtung ist ungegliedert, der Einturm im Westen ist in das Mittelschiff eingezogen. Die beachtlichen Maße von St. Martin, aber auch der Kirchen Hans Stettheimers und mancher anderen Hallenkirche, die Qualität der Bauausführung, die Weite des hell durchlichteten Innenraumes, die blockhafte Geschlossenheit, die dem Äußeren Monumentalität verleiht, zeigen überzeugend, daß diese Hallen nicht bloße Vereinfachungen hochgotischer Basiliken sind, die aus technischem Unvermögen oder wegen fehlender Mittel erfolgten. Hier hat sich vielmehr eine neues Raumideal ebenso durchgesetzt wie ein erneuerter Sinn für die Monumentalität eines wenig gegliederten, geschlossenen Baukörpers unter einem mächtigen Satteldach in seiner städtischen Umgebung.

Ein neues, auf das Diesseits gerichtetes Lebensgefühl und ein neues Weltverhältnis haben einen baulichen Ausdruck gefunden. Der Innenraum weist nicht mehr über sich selbst hinaus auf ein Jenseitiges, sondern er ruht in sich selbst und begnügt sich, Gehäuse der Gemeinde zu

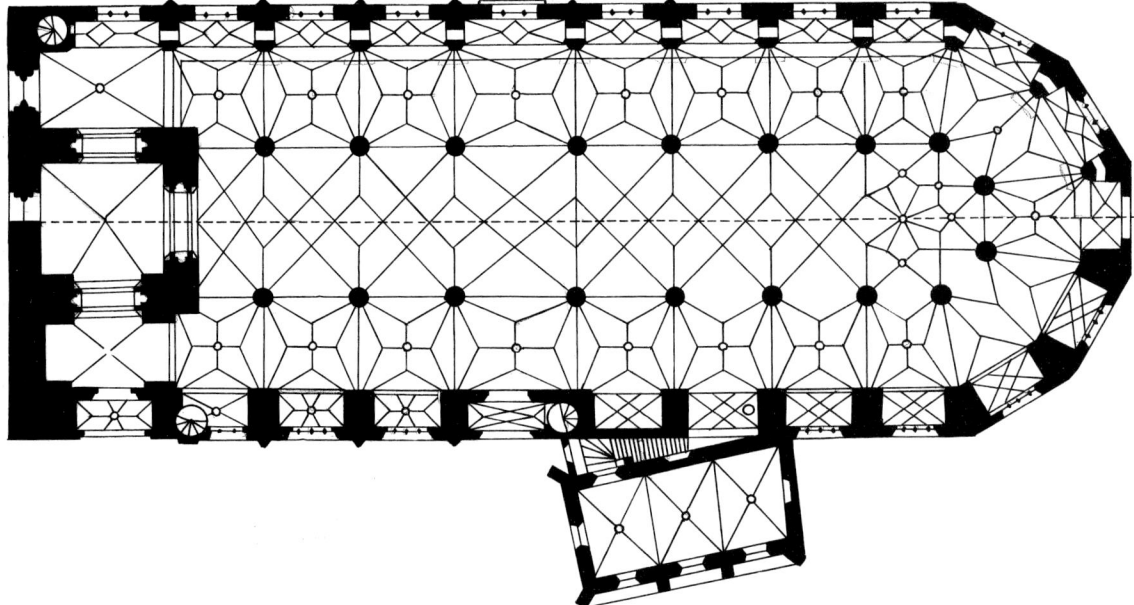

Amberg, Pfarrkirche St. Martin
Grundriß

1421 wurde der Neubau begonnen, ab 1442 der Chor eingewölbt. 1461 baute man im Westen weiter und schloß 1483 die Langhausgewölbe. 1504/34 entstand der Turm.

Die Gotik in Deutschland

sein. Der Raum ist auch nicht mehr in seiner Bedeutung und damit in seinem Wert auf den Platz der hohen Geistlichkeit bezogen, sondern jede Stelle im Kirchenraum ist baulich annähernd von gleichem Rang.

Eine besondere Stellung innerhalb der Architekturentwicklung in **Franken** nimmt der **Chor von St. Lorenz in Nürnberg** ein. Während sonst die Neubauten im Fränkischen wie im Bayerischen in den Kirchen Stettheimers ihr Vorbild finden, erfolgt hier ein betonter Rückgriff auf das Vorbild von Schwäbisch-Gmünd. Sicher haben dabei die wiederholt belegten Beziehungen von dort zu Nürnberg eine Rolle gespielt, anregend wirkte möglicherweise auch der neue Sebalduschor.

Der Grundriß zeigt bereits klar den Kontrast zwischen dem hochgotischen, in queroblonge Travéen unterteilten Langhaus und dem späteren, weiträumigeren Hallenumgangschor; im ersten bestimmen die kräftigen, tastbaren Formen der Dienste vor großen geschlossenen Wandflächen den Eindruck, im zweiten bildet ein vom Wechsel heller Fensterflächen und dunklerer Wandstreifen belebter Raummantel das Gehäuse eines weiten, lichten Raumes mit seinen kostbaren Bildwerken. Der dreischiffige Hallenumgangschor mit flachen Kapellen zwischen den Streben schließt im Mittelschiff mit fünf Seiten eines Achtecks, die Außenwand des Umgangs besteht aus sieben Seiten eines Sechzehnecks. Der Aufbau ist zweizonig, über den Kapellen läuft eine Balustrade, dann öffnen sich die Fenster. Aus den gegliederten Pfeilern steigen ohne Kämpfer die Rippen, die im Mittelschiff ein reiches Netzgewölbe, in den Seitenschiffen einfachere Parallelrippengewölbe bilden. Außen erscheint der Chor als ein geschlossener, in seiner Lagerung betonter Block mit nur sparsam benutztem Zierwerk.

Die enge Beziehung des Lorenzchores zu Schwäbisch Gmünd macht die veränderte stilistische Haltung deutlich. War das Chorinnere der Heilig-Kreuz-Kirche von kühler Formenstrenge, während der Außenbau reicher an Zierwerk war, so ist in Nürnberg der Innenraum erfüllt von einer phantasievollen Bewegung und differenzierten Formen, der Außenbau aber ruhig gegliedert und blockhaft geformt. Ähnliches zeigt sich im Vergleich mit dem Sebalduschor.

Der letzte Großbau dieser Periode in Bayern ist die **Frauenkirche in München.** Sie ist ein Backsteinbau von schlichtem Äußeren, der durch seine Geschlossenheit eine monumentale, das Stadtbild beherrschende Wucht erlangt; nur die hohen schlanken Fenster und die flachen Wandvorlagen der eingezogenen Strebepfeiler gliedern den Baukörper. Wie die Frauenkirche in Ingolstadt besitzt die Münchener Frauenkirche eine Doppelturmfassade. Das Innenraumerlebnis wird durch die enge Stellung kräftiger polygonaler Pfeiler bestimmt, die sich optisch fast zu Wänden zusammenschließen. In den Seitenschiffen

Amberg, St. Martin
Innenansicht

Die dreischiffige Halle verschmilzt nahtlos Chor und Schiff, sie ist hell und licht und bietet sich ständig wandelnde Durchblicke.

Nürnberg, St. Lorenz
Chorinnenansicht

Der weite, lichte Raum des Hallenumgangschores birgt kostbare Kunstwerke wie den »Englischen Gruß« von Veit Stoss (um 1445–1533) und das Sakramentshaus (1493/96) von Adam Krafft (um 1460–1508/09).

Die deutsche Spätgotik

Nürnberg, St. Lorenz
Ansicht von Osten

Der Chor erscheint außen als ein geschlossener, in seiner Lagerung betonter Block mit sparsamem Zierwerk.

sind zwischen die eingezogenen Streben flache, aber hohe Kapellen eingefügt.

Während im süddeutschen Raum das Äußere der Kirchenbauten zurückhaltend im Schmuck, schlicht und von betonter Geschlossenheit ist, zeigen die Bauten der gleichen Zeit im norddeutschen Backsteingebiet eine Neigung zu geschmücktem Äußeren. Der **Dom zu Stendal**, in Kreuzesform aufgeführt, war noch von einer kargen Strenge, aber schon die Marienkirche am gleichen Ort, die auch den Hallenumgangschor mit Randkapellen aufnahm, zeigte Ansätze zu dekorativem Schmuck. Bei der **Katharinenkirche in Brandenburg** erfaßte die Dekoration dann die flach aus der Wand tretenden Strebepfeiler und gelangte in den Giebeln der Kapellen zum phantasievollen Überschwang des reichen Stils. Im Wechsel von glasierten und unglasierten Ziegeln, teils durchbrochen, teils in Blendform, entfaltet sich zwischen zierlich gegliederten Streben in Rosen und Giebeln die Fülle des Maßwerks. Die Ausstrahlung dieses Stils ist in der ganzen Mark, und zwar nicht nur am Kirchenbau, zu verfolgen.

Ihre letzte Reife erlangte die Spätgotik in **Obersachsen**, wo sie sich am weitesten von der Tradition löste und ihre Anliegen am reinsten ausspracht.

Die **Marienkirche in Zwickau** ist geradezu ein Dokument des sich wandelnden Raumgefühls, das immer wieder die ältere Schale sprengt. Der unregelmäßige Grundriß verrät, daß wiederholt der Plan geändert wurde, doch zahlreiche Baunachrichten führen sicher durch die Baugeschichte. Ein breites Mittelschiff wurde

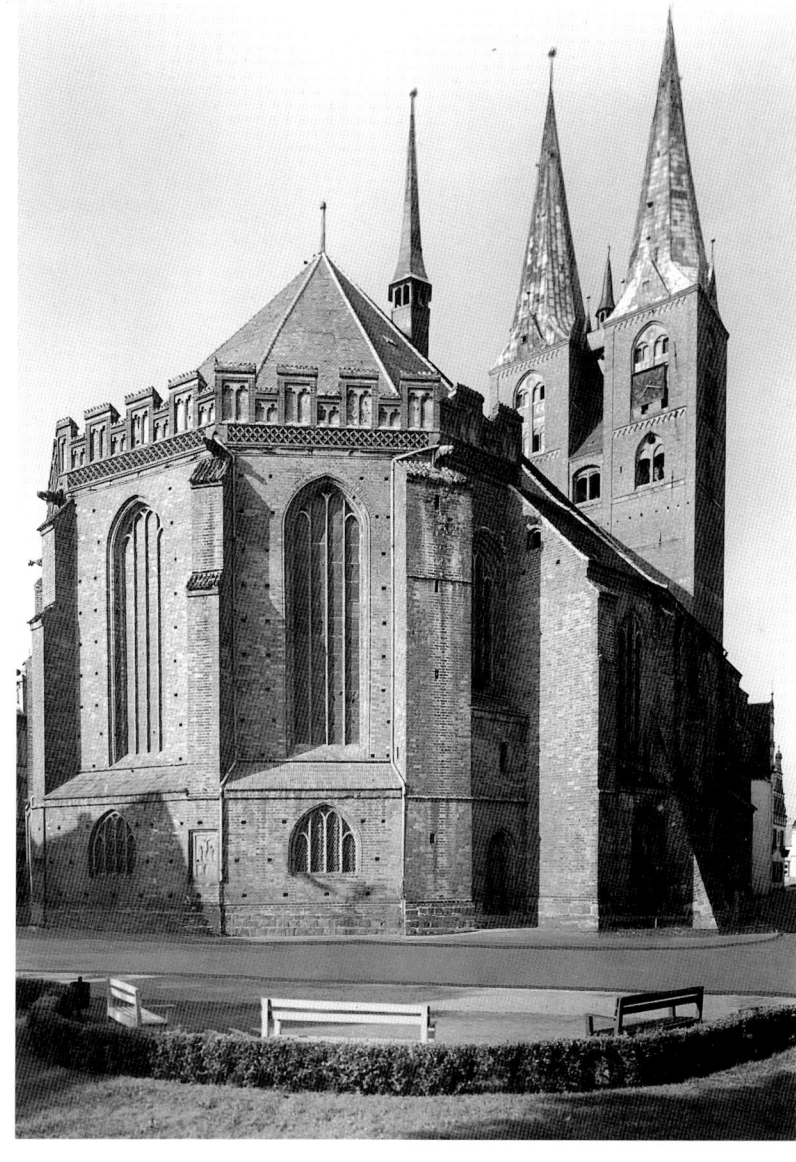

Stendal, Pfarrkirche St. Marien
Choransicht

Um 1400 wurde der Westbau einer älteren Kirche in einen Neubau übernommen, 1447 war die Wölbung vollendet. Der Hallenumgangschor mit flachen Kapellen wirkt mit den mächtigen Strebepfeilern, den großen, ungegliederten Wandflächen und dem Zinnenkranz betont wehrhaft.

Nürnberg, Pfarrkirche St. Lorenz
Grundriß

Der Bau des Langhauses wurde noch im 13. Jh. begonnen, 1353 war der Mittelteil der Fassade im Bau. 1439 begann man den Hallenumgangschor, 1452/66 führte Konrad Roritzer die Arbeiten weiter, 1477 vollendet.

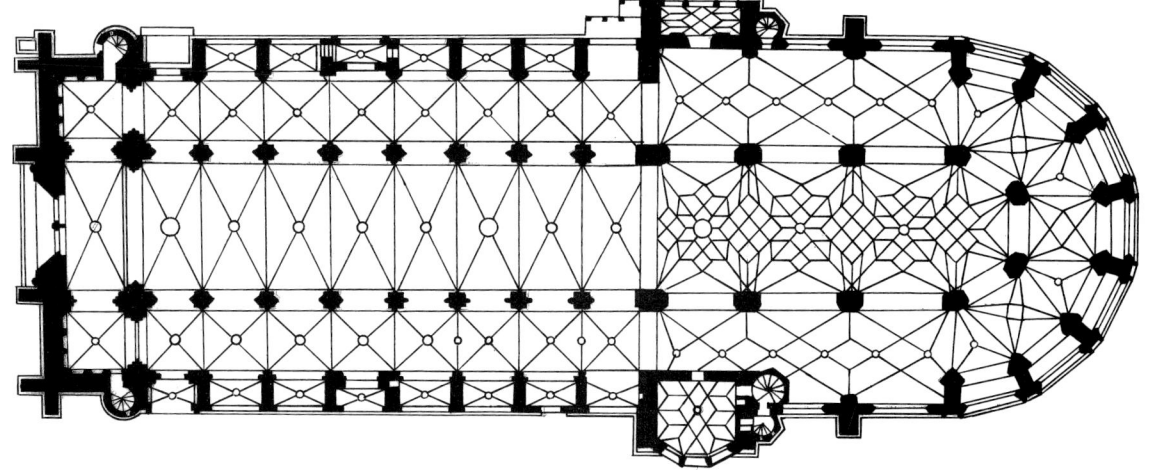

Die deutsche Spätgotik

Stendal, St. Marien
Chorinnenansicht

Der Innenraum erscheint trotz seiner mächtigen Rundpfeiler licht und weit. An der Grenze zwischen Chor und Langhaus ist der figurenbesetzte Triumphbalken bis auf das Chorgitter herabgezogen.

Die Gotik in Deutschland

Zwickau, Stadtkirche (Dom) St. Marien
Innenansicht nach Osten

Die Kirche wurde als Pfarrkirche der Marienvorstadt gegründet, 1453/70 ein neuer Chor gebaut und 1505/37 bei wiederholtem Planwechsel das Langhaus von Peter Harlaß und Caspar Teicher errichtet. 1525/37 zog man Gewölbe und die Westempore ein. Die Dehnung des Hallenraumes, die in mehreren Planwechseln erreicht wurde, ist besonders am Übergang vom Chor in das Langhaus spürbar.

Die deutsche Spätgotik

Zwickau, St. Marien
Astwerkportal

Im Gegensatz zu anderen obersächsischen Hallen zeigt die Marienkirche am Außenbau reicheren Schmuck, so das schöne Astwerkportal. Das naturnahe Astwerk verdrängt in der Bauornamentik jetzt das abstrakte Maßwerk.

nisse. 1502 bis 1513 wurde die nördliche Stützenreihe hinausgerückt und das Seitenschiff verbreitert. Freiberg war auch das Vorbild für die nach innen gezogenen Strebepfeiler und für die um diese kanzelartig herumgeführte Empore. 1517 bis 1529 entstand das Südseitenschiff entsprechend der Nordseite. Den oberen Raumabschluß bildet ein Sternnetzgewölbe. Um wie vieles mehr der Raum sich jetzt weitet, wie das Dehnen des Mittelschiffs auch zu einem Schwellen der Seitenschiffe führt, wird da am deutlichsten, wo Chor und Langhaus ineinander übergehen.

Das Innere der Marienkirche ist verhältnismäßig arm an plastischem Schmuck, der Außenbau dagegen ist mit Blendwerk geziert. Dabei treten typisch spätgotische Formen auf: der Kielbogen, Fischblasen und Astwerk. Betont ist die Horizontalgliederung mit hohem Sockel, einem breiten Maßwerkfries in Höhe der Empore, einem kräftigen Traufgesims, das an keiner Stelle von zwei schmalen Seitenschiffen begleitet, die als Umgang um jenes herumgeführt waren. Das Mittelschiff ist weit, drängt aber die Abseiten zusammen. Diese wurden durch einen Emporeneinbau noch weiter eingeengt.

Die Proportionen des Chores waren zunächst auch für das Langhaus geplant. Allein inzwischen war der Freiberger Dom erbaut und damit ein neues Raumideal geschaffen worden. Wohl unter Freiberger Anregungen – zweimal sind Freiberger Meister in Zwickau beim Bau zu Rate gezogen worden, 1497 Meister Symon und 1502 Werkmeister Falkenwalt – erhielt das Zwickauer Langhaus weiträumigere Maßverhält-

Freiberg i. Sa., Dom
Tulpenkanzel

Den Predigerstuhl schuf der Meister H. W. (Hans Witten?) um 1510. Aus kräftigem Stengel und distelartigen Blattrippen wächst gleich einer Blüte über reichem Astwerk der Kanzelkorb, den die Büsten der vier Kirchenväter zieren.

Die Gotik in Deutschland

**Freiberg i. Sa.,
Dom Unserer
Lieben Frauen**
Innenansicht

Nach reichen Silberfunden war 1156/61 Christiansdorph gegründet worden. 1386 erfolgt eine Chorerweiterung, nach einem Brand bauen Johann und Bartholomäus Falkenwalt das Hallenlanghaus, das 1512 vollendet wurde.

von Vertikalgliedern überschnitten wird und dem mächtigen Satteldach über den drei gleichhohen Schiffen der Halle.

Als in Zwickau der Chor fertig, der Neubau des Schiffes aber noch nicht so recht in Gang gekommen war, entstand das Langhaus des **Freiberger Domes**. Zwei große Brände hatten 1480 und 1484 die Bergstadt heimgesucht. Die Kirche war so beschädigt, daß ihr Schiff von Grund auf erneuert werden mußte; nur der Chor aus dem 14. Jahrhundert blieb erhalten. 1484–1501 entstand eine dreischiffige Halle von sechs Jochen in der Länge. Schlanke Achteckpfeiler mit konkav geschwungenen Seiten tragen ein Netzgewölbe ohne Joch- und Scheidbögen. Das Gewölbe faßt den Raum zusammen, die Pfeiler bilden keine Trennung mehr, sie gliedern den Raum nur noch. Eine Empore ist hier zum ersten Male in Obersachsen um die nach innen gezogenen Strebepfeiler verkröpft. In ihrer kräftigen Horizontale wirkt sie raumgestaltend. Sie umspannt den ganzen Kirchenraum, auch an der Ostseite. Der Architekt war so von der Idee des saalartigen Einheitsraumes ergriffen, daß er den älteren Chor, der der Vereinheitlichung entgegenstand, einfach vom Gemeindehaus abtrennte. Nach allen Seiten kann das Auge im Raume schweifen, immer wieder bieten sich ihm neue reizvolle Durchblicke. Die Architektur ist von stets wechselndem Reiz, sie ist »malerisch« geworden. Dem Raum galt das ganze Gestaltungsvermögen des Baumeisters, abgesehen vom Maßwerk der Emporenbrüstungen fehlt jeder plastische Schmuck.

Ihren Höhepunkt erreichte die obersächsische Spätgotik mit der **Annenkirche in Annaberg.** Am 25. April 1499 wurde der Bau begonnen, und 1525 konnte er abgeschlossen werden.

Die Annenkirche ist eine dreischiffige Halle von sieben Jochen in der Länge. Das Verhältnis zwischen Jochbreite und Jochtiefe ist mit drei zu zwei das gleiche wie zwischen Mittelschiffs- und Seitenschiffsbreite. Die Kirche schließt im Osten mit fünf Seiten eines Achtecks im Mittelschiff und mit drei Seiten in den Abseiten. Chor und Gemeindehaus gehen ineinander über. Am zweiten Joch von Osten sind querhausartige Anbauten. Ihr rechteckiges Erdgeschoß dient als Sakristei, darüber öffnet sich nach der Halle zu eine Kapelle. Die Strebepfeiler sind nach innen gezogen, zwischen ihnen und den in zwei Zonen angeordneten Fenstern bleiben verhältnismäßig

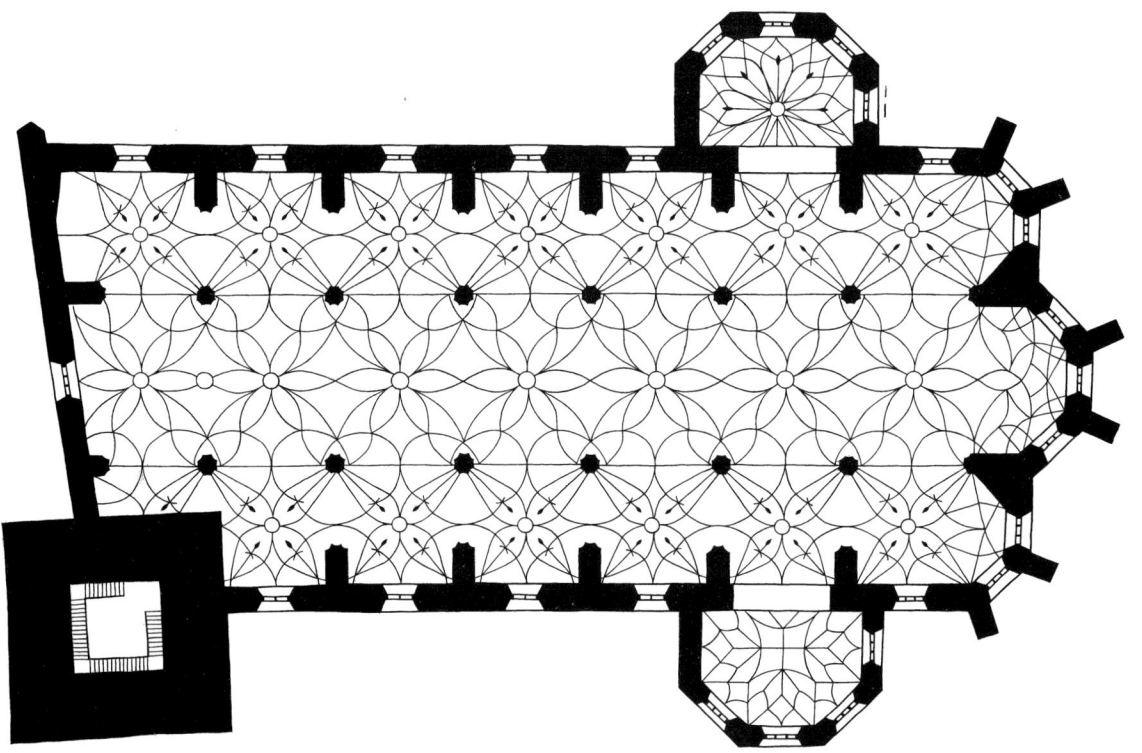

Annaberg-Buchholz, Stadtkirche St. Annen
Grundriß

Nach Silberfunden 1492 am Schreckenberg gründete Herzog Georg der Bärtige die Stadt. Am 25. April 1499 wurde der Grundstein zur Kirche gelegt. Bei Ausführung der Fundamente wird Conrad Pflüger genannt. Danach leitete Peter Ulrich von Pirna den Bau, ab 1515 Jakob Haylmann, der 1518 die Wölbung einzog und 1525 die Arbeiten abschloß.

Annaberg-Buchholz, St. Annen
Innenansicht

Der Innenraum bietet reiche Durchblicke, er erscheint von Licht durchströmt. Die schlanken Pfeiler, die Schlingrippenwölbung ohne Joch- und Scheidbögen, die umlaufende Empore bewirken die Einheit des Raumes.

Die deutsche Spätgotik

große Flächen der Wand stehen. Die Wand ist nicht mehr wie in der Hochgotik gerüsthaft durchgebildet, sie wird nur durch den Wechsel von Hell und Dunkel malerisch belebt. Nach Freiberger Art ist eine Empore um den Raum geführt, unter ihr sind zwischen den Strebepfeilern in kontinuierlicher Abfolge flachrechteckige Kapellen angeordnet. Achteckige Pfeiler mit konkav geschwungenen Seiten tragen die Gewölbe, keine Bündelpfeiler, bei denen jeder Dienst eine Funktion hatte, als Träger einem Gurt oder einer Rippe entsprach. Das Gewölbe, das aus einzelnen kuppligen Abschnitten besteht, ist nicht nach konstruktiven Gesichtspunkten gegliedert, die Rippen folgen einer ornamentalen Schönläufigkeit. Ohne Kapitell oder Kämpfer treten sie aus den Pfeilern, ungehindert von Joch- oder Scheidbögen breiten sie sich aus, umkreisen die Pfeiler, bilden Rosetten und Sterne. Die Rippenführung trägt wesentlich dazu bei, daß die einzelnen Teile des Raumes zusammenfließen. Auch verhindert sie, daß eine Richtung im Raume vorherrscht. Allseitig kann die Bewegung im Raume schwingen, bis sie an den geschlossenen Flächen des Raummantels eine klare Grenze findet. In der Gestaltung der Decke wurde vollendet, was im Grundriß bereits angelegt war: die Einheit des Raumes. Der reiche Raumeindruck des Inneren steht in einem gewissen Gegensatz zu dem schmucklosen Äußeren. Dies wirkt allein durch die kubische Wucht seiner geschlossenen Massen unter dem mächtigen Satteldach. Der Westturm der Kirche ist aus der Achse gerückt, auch das ist ein malerisches Element.

Das Prinzip, das der Rippenführung in St. Annen zugrunde liegt, ist die »gewundene Reihung«, das heißt, auch die Projektion der Gewölbe in die Ebene des Grundrisses ergibt Kurven für den Lauf der Rippen. Das bedeutendste ältere Beispiel einer gewundenen Reihung besitzt der Wladislaussaal auf der Prager Burg von Benedikt Rieth aus den Jahren 1487 bis 1502. Mit dieser hat die Mittelschiffswölbung in Annaberg größte Verwandtschaft. Daß es Verbindungen von Benedikt Rieth zu Annaberg gab, wissen wir. Auf dem Annaberger Hüttentag spielte er eine tonangebende Rolle. Möglicherweise war Jakob von Schweinfurt sein Schüler. Das Annaberger Gewölbe hat weitergewirkt. Sein Mittelteil war Vorbild für die Kirche in Brüx, die Seitenschiffwölbung für den Wappensaal der Albrechtsburg. Beides sind Werke Meister Jakobs.

Etwa zur gleichen Zeit entstand die **Marienkirche in Pirna.** Im 15. Jahrhundert war bereits ein neuer Turm aufgeführt worden, 1504 begann der Neubau der Kirche. Als Baumeister ist Peter Ulrich von Pirna bezeugt. Er wollte Annaberg, wo er ja auch dem Baue vorstand, an Raumwirkung noch übertreffen. Noch weiträumiger, noch lichter sollte der Raum werden. Nach seinem Tode 1513 wurde zunächst nach seinen Plänen weitergebaut, doch 1516 kam es zu einer Bauunterbrechung. Erst 1539 wurden die Arbeiten wieder aufgenommen, möglicherweise unter Leitung des Jörg von Maulbronn, eines Mitarbeiters Jakob von Schweinfurts beim Kirchenbau in Brüx. In der Mitte der vierziger Jahre wurden die Gewölbe ausgeführt, und um 1570 wurde der Bau mit dem Einziehen der Emporen abgeschlossen.

Auch St. Marien ist eine dreischiffige Hallenkirche mit dreiteiligem Chorschluß. Das Mittelschiff schließt in drei, die Seitenschiffe in zwei Seiten eines Achtecks. Die Verwandtschaft mit der Annenkirche ist offensichtlich, doch die Verschmelzung der Ostteile untereinander und mit dem Langhaus ist hier in Pirna noch fortgeschrittener. Der Abschluß des Mittelschiffes ist flacher, der der Seitenschiffe viel weniger selbständig; so fließen die Schiffe im Osten in einer großen Kurve zusammen. Der Sakristeianbau an der Südseite weist wieder auf das Annaberger Vorbild hin. Einen gleichen Anbau sollte wohl nach den Plänen Peters auch die Nordseite erhalten. Die Unregelmäßigkeiten an der Nordostmauer haben ihre Ursache in den älteren Resten, die ursprünglich abgetragen werden sollten.

Die Gewölbe sind reine Halbkreistonnen mit Stichkappen, die Rippen bilden in den Seitenschiffen Sternmotive, im Mittelschiff aber ein Netz. Dadurch erhält der Raum eine stärkere Betonung in Richtung der Längsachse. Im Chorteil sind die Rippen in ondulierenden Kurven geführt. Sie durchstoßen sich, brechen ab, vereinigen sich in hängenden Schlußsteinen, lösen sich in Spiralen von Gewölbe und Wand und verwandeln sich schließlich in Baumstämme, an de-

Annaberg-Buchholz, St. Annen
Gewölbe

Die Schlingrippengewölbe, die Jakob Haylmann in Prag gesehen hatte, tragen wesentlich zur Raumeinheit bei.

Die deutsche Spätgotik

Pirna, Stadtkirche St. Marien
Innenansicht nach Osten

Für den Vorgängerbau nennen Urkunden zwischen 1338 und 1462 bereits 15 Altäre. 1466 begann man den Neubau, 1479 war der Turm vollendet. 1502 begann Peter Ulrich von Pirna die Halle, nach Bauunterbrechungen führte Jörg von Maulbronn von 1539/46 das Werk zu Ende. 1570 wurden steinerne Emporen im Norden und Westen eingezogen.

nen wilde Männer klettern. Gerade an diesen Chorgewölben wird wie in Annaberg der ganze Phantasiereichtum der Spätgotik deutlich.

Über ein Jahrzehnt nach Annaberg und Pirna wurde in **Schneeberg die Wolfgangskirche** begonnen, in den Jahren 1515 bis 1526 wurde sie gebaut. In dieser Kirche hatte die Hallengotik eine geradezu akademische Vollendung gefunden. Zehn Pfeiler trugen das Gewölbe und teilten den Raum in drei Schiffe von sechs Jochen. Das heißt, sie teilten eigentlich gar nicht, denn weder Schiffe noch Joche kamen im Gesamteindruck zur Geltung, es wirkte allein die Einheit des Raumes. Die Pfeiler waren nur eingestellte Stützen. Der Saalcharakter entstand dadurch, daß die drei Schiffe nicht nur gleiche Höhe hatten, sondern auch völlig gleich breit waren. Das Gewölbe war überall gleichmäßig behandelt, ein großfiguriges Sternmuster überspannte alle Teile. Die Tiefenbewegung schien völlig ausgeschaltet, der Raum ruhte in sich. Chor und Gemeinderaum waren nahtlos miteinander verschmolzen. Eine Empore umzog den Raum, auch an seiner Ostseite; ihre Funktion, das Räumliche anschaulich zu machen, war ganz deutlich.

Die letzte spätgotische Halle entstand in der Kirche **Unserer Lieben Frauen zu Halle.** Zwei ältere, dicht nebeneinander stehende Kirchen waren abgetragen worden, zwischen ihren Turmpaaren wurde 1529 bis 1554 die dreischiffige Halle erbaut. So sehr hatte sich der Gedanke des Predigtraumes durchgesetzt, daß man auf einen besonderen Chor verzichtete. 1541 wurde der Außenbau abgeschlossen. Die Innenausgestaltung, die Emporen und vielleicht auch die Gewölbe schuf Nickel Hofmann. Eine Inschrift an der Südempore verkündet: »Durch Gottes Hulf hab ich Nickel Hofmann diesen Baw im 1554 vollendet.«

Manch anderes Bauwerk ließe sich noch nennen, die Schloßkirche in Chemnitz etwa oder die Thomaskirche in Leipzig. Sie alle sind miteinander eng verbunden. Nicht nur die Formensprache ist verwandt, auch die Meister und Steinmetzen, die sie schufen, sind die gleichen. Konrad Pflüger wirkte in Meißen, in Leipzig und Annaberg, Peter von Pirna war am Bau der Annenkirche beteiligt und begann die Marienkirche in Pirna, Jakob von Schweinfurt führte die An-

Schneeberg, Stadtkirche St. Marien und Wolfgang
Innenansicht

Grundriß und Innenaufbau scheinen vollkommen bis hin zu einer gewissen Nüchternheit. Nach schweren Kriegsschäden ist der Raum wieder hergestellt worden.

nenkirche zu Ende, baute die Stadtkirche zu Brüx und arbeitete an der Albrechtsburg. Die Einflüsse von Arnold von Westfalen und Benedikt Rieth sind allenthalben zu spüren. An den Steinmetzzeichen der Pirnaer Marienkirche hat man einmal untersucht, wo die Steinmetzen noch überall tätig waren. Dies sind die Orte: Zwickau, Annaberg, Schneeberg, Chemnitz, Brüx, Kuttenberg, Laun und Prag.

Der überlieferte Bautyp der Halle erhielt in der Spätgotik einen neuen Inhalt. Zwischen dem Dom zu Meißen und der Annenkirche zu Annaberg bestehen grundlegende Unterschiede, obwohl beide dem Typ der Halle angehören und aus derselben Landschaft hervorgingen. In Mei-

Die deutsche Spätgotik

Halle/Saale, Pfarrkirche Unserer Lieben Frauen
Innenansicht

1529 wurden die beiden älteren Kirchen St. Gertrud und St. Marien abgetragen, zwischen ihre erhaltenen Turmpaare fügte man den Neubau ein. 1541 war der Außenbau fertig, Nickel Hofmann hat die Wölbung eingebracht und den Innenausbau abgeschlossen.

ßen ist der Raum geteilt in drei Schiffe, die Bündelpfeiler schließen sich in ihrer engen Stellung zu einer Wand zusammen und zwingen das Auge in eine bestimmte Bahn. Die Schiffe sind wieder aufgespalten in einzelne Joche. In Annaberg ist es ein Einheitsraum, in den die Pfeiler nur als notwendige Stützen für das Gewölbe eingestellt sind. In Meißen ist der Raum steil aufgerichtet, vertikale Formen zwingen den Blick nach oben, alles steigt auf. Die dichte Abfolge der Formen erzeugt den Eindruck einer energischen Tiefenbewegung, alle Formen weisen über sich selbst hinaus. In Annaberg lagert der Raum, er dehnt sich innerhalb klarer Grenzen aus. In Meißen gab es im Gotteshaus noch einen gesonderten Kultraum des Domkapitels, den durch einen Lettner von der übrigen Kirche abgetrennten Chor. Jeder Raumteil erhielt seinen Wert aus dem Bezug zum Chore. In Annaberg ist die Trennung zwischen Chor und Langhaus verschwunden. Der Gemeinderaum war das Wesentliche, alle Raumteile haben gleichen Wert. Nicht mehr der Altar steht im Mittelpunkt, sondern die Kanzel, neben das Meßopfer ist gleichberechtigt die Predigt getreten. Die Predigt richtete sich an die Gemeinde, und für die Gemeinde mußten die Räume weit und einheitlich sein. Diese spätgotischen Hallenräume sind mit den an der Hochgotik entwickelten Begriffen nicht mehr zu fassen, auch wenn am Bau noch Rippen da sind, Strebepfeiler und Maßwerk; dies sind nur Einzelformen, der eigenen Tradition verpflichtet, die über den Charakter des Raumes, über das Wesen eines Baues wenig aussagen. Sucht man Vergleichbares, findet man es in den klar begrenzten Räumen und den nach außen geschlossenen Baukörpern der italienischen Renaissance, auch wenn dort, durch eine andere Tradition und eine andere historische Situation bedingt, die Einzelheiten anders, eben an der Antike orientiert sind. Auch nördlich der Alpen äußert sich ein neues Raumgefühl in Formen eines alten Stils, die für Deutschland inzwischen zu traditionellen, beinahe nationalen Formen geworden sind, ein Raumgefühl, das Ausdruck eines neuen Lebensgefühls, einer neuen Art zu denken ist. Und diese Art war nicht mehr mittelalterlich, sondern aus den neuen gesellschaftlichen Verhältnissen innerhalb der Städte geboren.

Die Vorstellungen von dem, was das Kirchengebäude für die Gläubigen bedeutet, hatten sich wiederum grundlegend gewandelt: In frühchristlicher Zeit war die Kirche Thronsaal Gottes und Triumphstraße zum Thron in der Gestalt des Altars, dann wurde sie in romanischer Zeit zur Gottesburg, wie es auch im »Heiland« nachzulesen ist. Die Gottesburg wurde in der Gotik abgelöst von der Himmelsstadt, dem Himmlischen Jerusalem, und nun, da das städtische Leben Alltag wurde, war der Garten Eden, das Paradies, die im Kirchengebäude anschauliche Vorstellung vom Jenseits geworden.

Wie die Bäume eines Waldes ragten die Pfeiler im Kirchenraum auf und verloren sich im Geflecht der Rippen, die sich wie Äste der Baumwipfel zu einem Dach schlossen.

In einem letzten Schaffensrausch hatte die Gotik auch in Deutschland ihre Gestaltungskraft erschöpft. Sie war zu Raumlösungen vorgedrungen, hatte Inhalte gestaltet, die denen der Renaissance entsprachen. Die spätgotische Hallenkirche war eine völlig eigene Leistung der deutschen Kunst und zugleich deren bedeutendster Beitrag zur europäischen Gotik. Denkmäler eines Stiles, der nahezu 300 Jahre lang im Großen wie im Kleinen menschlichem Denken und Fühlen Ausdruck gab, haben sie Jahrhunderte überdauert, denen sie als barbarisch galten. An ihnen entzündete sich romantischer Gefühlsüberschwang, und schließlich wurden sie Gegenstand wissenschaftlicher Forschung.

Von allen Zeugnissen gotischer Baukunst gilt wohl in einem gewissen Maße, was Victor Hugo über die Fassade der Kathedrale Notre Dame in Paris schrieb: »Eine ungeheure steinerne Symphonie ist diese Fassade, das Riesenwerk eines Mannes und eines Volkes, einheitlich und doch zusammengesetzt, wie die Iliaden und Romanzen, deren Schwester sie ist, ein wunderbares Erzeugnis der gesammelten Kräfte einer Zeit, da sich die Einbildungskraft des Handwerks, vom Genius des Künstlers gebändigt, jedem Steine in hundertfältiger Form einprägte; kurz, eine menschliche Schöpfung, die reich und machtvoll ist, wie die göttliche Schöpfung selbst, von der sie das Doppelantlitz ›Vielheit und Einheit‹ entlehnt zu haben scheint. Was wir von der Fassade gesagt haben, das gilt für die ganze Kirche; und was wir von der vornehmsten Kirche von Paris sagen, das gilt für alle christlichen Kirchen des Mittelalters.«

»Die großen Gebäude sind gleich den großen Gebirgen ein Werk der Jahrhunderte. Oft wandelt sich die Kunst, während sie noch im Entstehen sind. Die verwandelte Kunst übernimmt das Werk, wie sie es findet, überkleidet es, paßt sich ihm an, führt es nach ihren Empfindungen weiter und bemüht sich, es zu vollenden. Das vollzieht sich ohne Störung, ohne Anstrengung, ohne Rückfall, nach stillen natürlichen Gesetzen. Der einzelne Mensch und der Künstler verschwinden vor diesen Riesenwerken, die keines Schöpfers Namen tragen; der menschliche Geist in seiner Gesamtheit prägt sich in ihnen aus. Die Zeit ist der Baumeister, das Volk der Maurer.«

Als die Liebfrauenkirche in Halle entstand, hatte der neue Stil, die Renaissance, die Dürer die »welsche Mode« genannt hatte, am Bau der Neuen Residenz des Kardinals Albrecht von Brandenburg und dem »Kühlen Brunnen«, dem Stadtpalast von Albrechts Kämmerer und Günstling Hans von Schenitz, in Halle ihren Einzug gehalten. Nickel Hofmann, der Liebfrauen vollendete, wurde einer der Hauptvertreter des neuen Stils in Sachsen. Und so wie in Halle setzten sich auch andernorts die neuen, aus Italien kommenden Formen durch, zunächst nur als neuer Zierat, bald aber auch die Struktur der Bauwerke verändernd. Vor allem an Profanbauten ist das zu beobachten: an Schlössern, Rathäusern, kommunalen Bauten wie Wohnhäusern, Zunfthäusern, Schulen, Spitälern.

Zum Abbruch der Entwicklung der Spätgotik führte auch das Eindringen von Formen der italienischen Renaissance. Ihre Aufnahme scheint zunächst vorzüglich eine Sache der Baukunst der Fürsten und ihrer Umgebung gewesen zu sein, an Bürgerhäusern hielten sich spätgotische Formen noch lange Zeit. Aber es sei noch einmal gesagt, daß sich auch in Deutschland, besonders in dem wirtschaftlich, politisch und kulturell so blühenden Herzogtum und Kurfürstentum Sachsen ein Raumideal ausgebildet hatte, das dem der italienischen Renaissance durchaus entsprach, noch ehe deren Formen zu uns drangen.

Die Bauaufgaben der Profanarchitektur

Die Sakralbaukunst behielt die Führung in der Architekturentwicklung, sie vor allem hatte über den praktischen Nutzen hinaus künstlerische Aufgaben zu erfüllen. Natürlich erlebte auch die Profanarchitektur ihren Stilwandel. Bei ihr aber stand der Zweck vor der künstlerischen Gestaltung, oft wurden überlieferte, in ihrer Zweckmäßigkeit bewährte Grundformen nur wenig verändert beibehalten und mit Formen, die der Sakralbaukunst entlehnt waren, verziert. Für die Profanbaukunst war jener Wandel wesentlicher, den die Bedeutung einzelner Bauaufgaben erfuhr. Er spiegelte die soziale und ökonomische Entwicklung genauso wider wie die allgemeine Stilentwicklung. Die neuen Bauaufgaben schließlich erforderten und führten auch im Profanbau zu neuen Raumstrukturen und Formen der Gestaltung.

Burg und Schloß

In der Gotik wandelt sich die Burg zum Schloß. Seit dem Interregnum (1256/57 bis 1273) war der Burgenbau kein königliches Privileg mehr. Nun entstand eine Vielzahl von Burgen auch des niederen Adels, ehemaliger Dienstmannen. Die Burgen vereinigten Wohnzweck und Wehrfunktion, an sie waren Grundbesitz, Herrschaftsrechte und obrigkeitliche Gewalt gebunden. Besonders beliebt waren, sieht man vom norddeutschen Flachland ab, Höhenburgen. Sie nutzten die natürlichen Vorteile unwegsamer Berglagen zur Steigerung der Wehrfähigkeit. Die beherrschende Höhenlage betonte zugleich die Bedeutung der Burg als Zeichen der Macht. Feste Mauern, Zinnen und Türme erwiesen sich über den praktischen Zweck hinaus auch als Imponierarchitektur. In der Ebene nutzten Wasserburgen die Lage auf einer – manchmal auch künstlich angelegten – Insel oder Halbinsel zur Steigerung ihrer Verteidigungsfähigkeit. Wassergräben oder auch Sumpfzonen erschwerten einem Feinde den Zugang.

Bis ins 14. Jahrhundert blieb der Wehrzweck vorrangig. Mit dem Streben nach größerer Wohnlichkeit seit dem 14. Jahrhundert nahm auch die künstlerische Gestaltung, vor allem an Palas, Kemenate und Kapelle zu. Trotz aller Vielfalt lassen sich bei den deutschen Burgen drei Grundformen unterscheiden: Ringburgen, Abschnittsburgen und Kastelle. Sie treten in verschiedenen Abwandlungen auf. Bleiben bei den »Ringmauerburgen« die Gebäude innerhalb des von der Mauer geschützten Areals, so rücken sie bei der »Ringhausburg« an die Mauer heran, ja ersetzen diese stellenweise. Die Außenfronten sind geschlossen und tragen Wehrgänge oder Wehrerker. Die mit der Zeit gewachsenen Häuserringe belegen den zunehmenden Raumbedarf. Zahlreiche, mit spitzen Hauben bedeckte Wehrerker und die unregelmäßigen »Dachgebirge« verleihen den spätmittelalterlichen Burgen ein bizarres Aussehen. Die **Ganerbenburg Eltz** an der Mosel ist ein schönes Beispiel dieses Typs. Eine Ganerben- oder Sippenburg ist mehrteilig und wird von mehreren Familien, den Ganerben, bewohnt.

Ringburgen boten mehr Möglichkeiten für Erweiterungsbauten als die kleinen Turmburgen. Diesen lag das Prinzip der Zentralverteidigung zugrunde. Der Bergfried im Zentrum, sonst nur letzte Zuflucht, war hier als Wehrturm entscheidend, die Mauerverteidigung spielte eine untergeordnete Rolle. Ihren Ursprung hatte diese

Wohnturmburg in französischen Anlagen des 11. Jahrhunderts, den Donjons. In ziemlich reiner Form zeigt diesen Typ die **Burg Kriebstein** in Sachsen. Bei dem von Ludwig von Bayern auf einer Rheininsel bei Kaub 1327 als Zollburg gegründeten Pfalzgrafenstein sind die Prinzipien von Zentralverteidigung und Mauerverteidigung verbunden. Den mächtigen zentralen Turm umgibt ein Sechseck von Mauern mit Wehrgängen.

Im Gegensatz zur Ringburg besaß die Abschnittsburg nur an einzelnen Seiten Befestigungen, andere, durch die Geländeformation geschützte Bereiche blieben unbefestigt. Die Bergfriede wurden dabei oft als Wehrtürme an die Front gestellt und zum Teil auch in das Mauersystem eingebunden. Zu den Fronttürmen kamen meist noch Schildmauern mit Wehrgängen. Besonders bei dem zunehmenden Gebrauch von Feuerwaffen im 15. Jahrhundert gewann diese Form der Befestigung an Bedeutung.

Der Kastelltyp zeigt eine Anlage über rechteckigem Grundriß mit geraden Flankierungsmauern. Er fußt auf römischen Traditionen und ist in Deutschland nicht allzu häufig.

Die Veränderungen im Militärwesen erzwangen im ausgehenden Mittelalter immer tiefergreifende Veränderungen der Burganlagen. Die Ritter als schwere Reiter verloren an Bedeutung. Die Entwicklung der Kriegstechnik, der Einsatz von starken Steinschleudern und Sprengladungen ab etwa 1320 erforderten, den Angreifer bereits vor der Burg abzuwehren. Man errichtete um die Burg zusätzliche Mauern mit Flankierungstürmen und schuf auf diese Weise Zwinger.

Höfchen, Burg Kriebstein

Die Anlage entstand zwischen 1384 und 1408, nach 1471 war Arnold von Westfalen am »Küchenhaus« tätig. 1866 wurde die Burg umgestaltet. Den Kern der Burg bildet der mächtige Wohnturm, an den sich Küchenhaus, Kapelle und die »Halle« legen.

Eltz, Ganerbenburg
Ansicht

Seit 1150 ist Burg Eltz ein Reichslehen. Platt-Eltz erste Hälfte 13. Jh.; 1472 Haus Rübenach; Haus Rodendorf Ende 15., Haus Kampenich und Goldschmiedehaus zweite Hälfte 16. Jh.

Als Ende des 14. Jahrhunderts der Einsatz der Feuerwaffen aufkam, wurden die Mauern möglichst geradlinig geführt, um sie von den Flankierungstürmen aus mit Geschossen bestreichen zu können. War man früher auf Höhe der Verteidigungsanlagen bedacht gewesen, um außerhalb der Reichweite von Sturmleitern zu sein und Feinde mit Wurfgeschossen wirksam bekämpfen zu können, so war man jetzt bemüht, der horizontalen Wirkung der Geschütze zu begegnen. Man schuf tief gestaffelte, flache Mauersysteme mit Bastionen als Geschützstände. Ältere Burgen wurden nun zu Festungen ausgebaut.

Hielten sich bis um 1400 Wehrzweck und Wohnbedürfnis das Gleichgewicht, so kommt es danach zur Trennung beider. An die Stelle der Burg treten Schloß, Festung und landesherrliche Residenz. Bauten wie die **Albrechtsburg in Meißen** sind Denkmäler dieser Entwicklung. 1471 begann Arnold von Westfalen, der zur gleichen Zeit auch den Dombau in Meißen leitete, den Neubau auf dem Burgberg. Bis 1485 kamen die Arbeiten zügig voran, dann gerieten sie ins Stocken. Der Innenausbau wurde erst zu Beginn des neuen Jahrhunderts unter Jakob Haylmann von Schweinfurt vollendet. Das Neue war, daß nicht mehr der Wehrzweck die Gestaltung bestimmte. In der Albrechtsburg wurden architektonische Räume geschaffen, nicht mehr nur zweckbedingte Räumlichkeiten. Die Raumaufteilung erfolgte nach einem einheitlichen Plane, alle Räume eines Stockwerkes erhielten gleiches Niveau. Die Säle sind weit und hell, große Fenster spenden viel Licht. Von auserlesenem Reichtum sind die Gewölbe mit ihren komplizierten Sternmotiven, im ersten Obergeschoß sind es Rippen-, im zweiten Zellengewölbe. Der Kirchensaal zeigt als besondere Neuerung Zellen-Rippengewölbe. Die Wohngemächer sind von einer bis dahin im Burgbau unbekannten Wohnlichkeit.

Ungewöhnlich ist die Konstruktion. Der Gewölbeschub wird von den sehr massiven Mauern

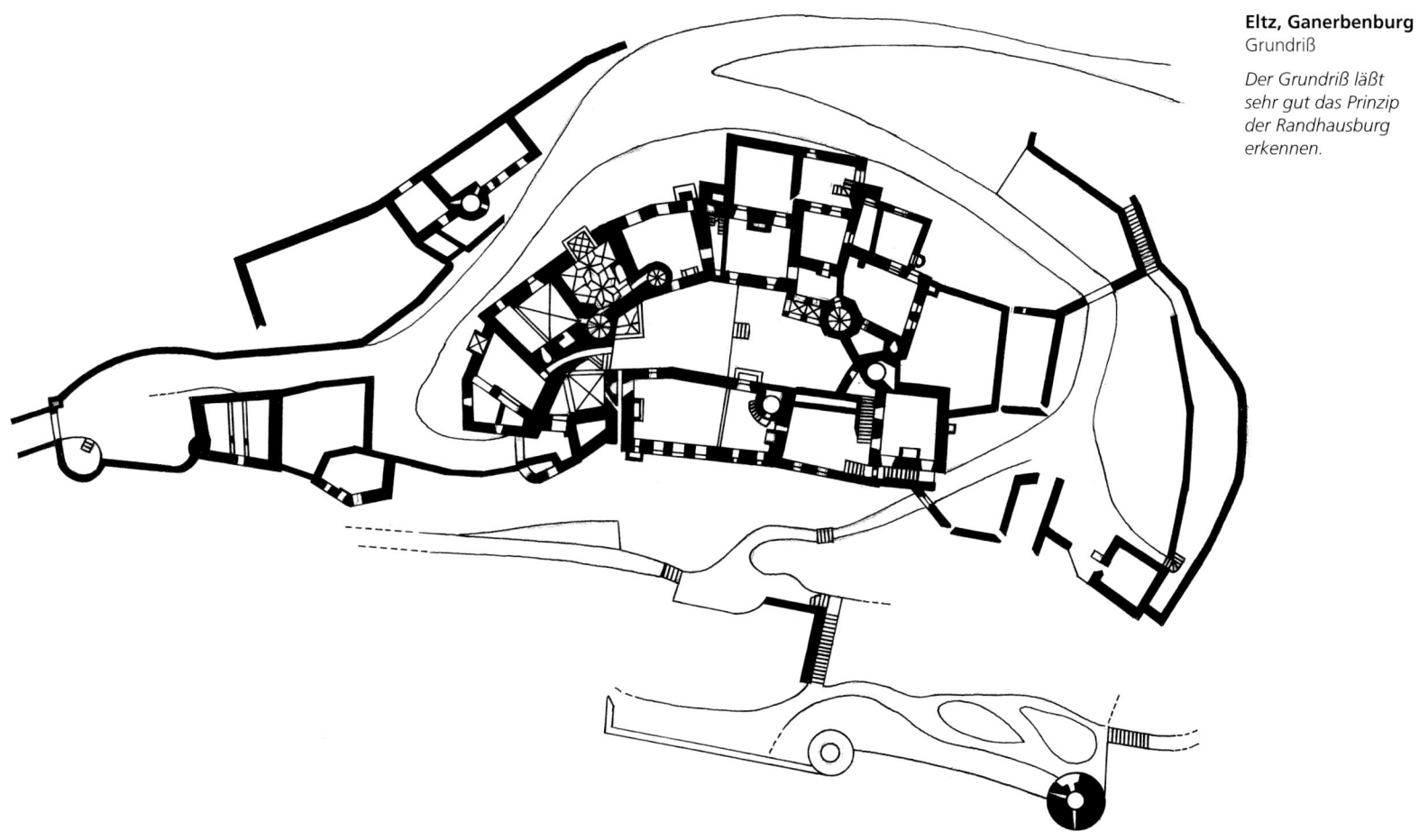

Eltz, Ganerbenburg
Grundriß

Der Grundriß läßt sehr gut das Prinzip der Randhausburg erkennen.

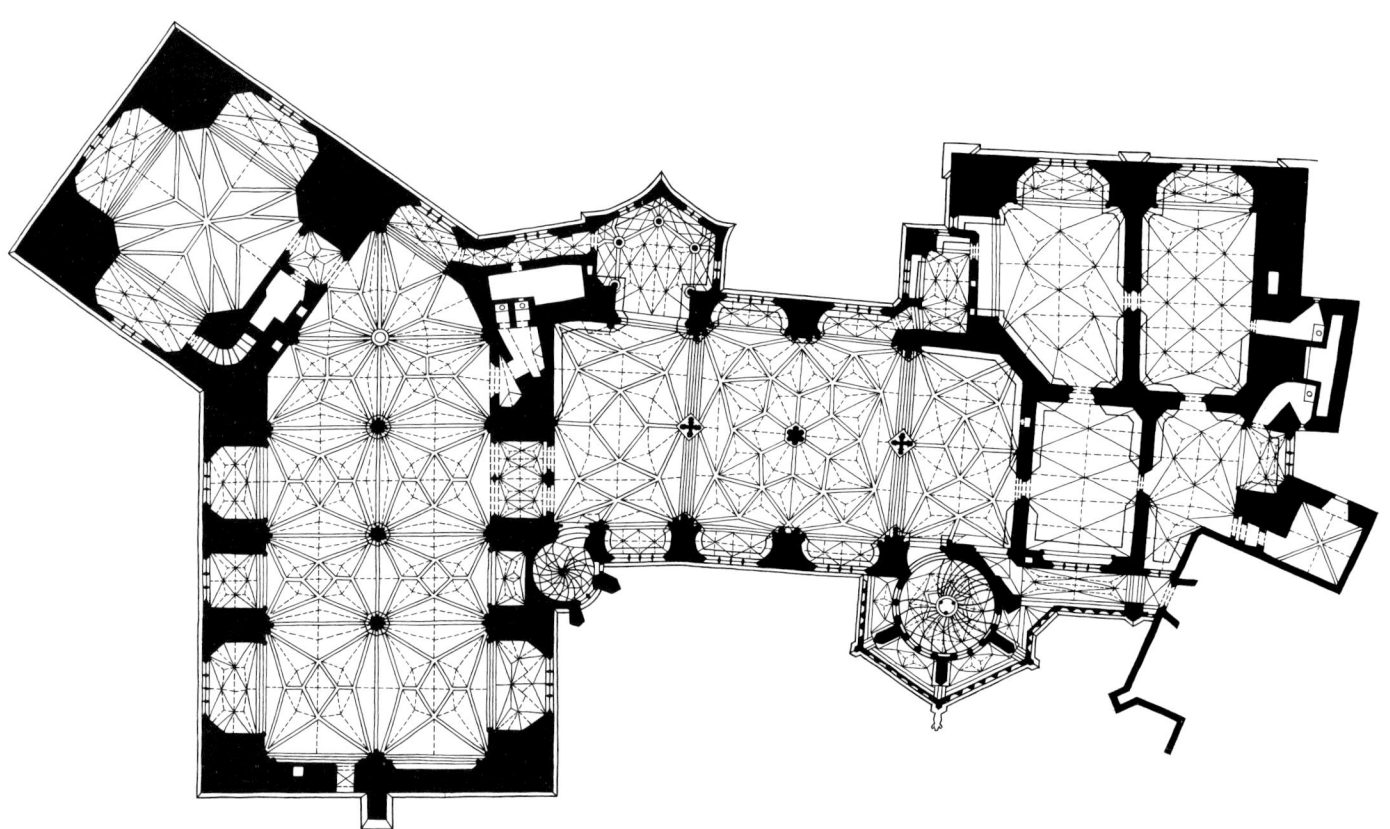

Meißen, Albrechtsburg
Grundriß, 1. (unten)/ 2. OG

Am 24. Juni 1471 wurde zum »Neuen Schloß«, das seit 1676 Albrechtsburg hieß, der Grundstein gelegt. Werkmeister war Arnold von Westfalen, nach dessen Tod 1481 führte sein Parlier Conrad Pflüger, genannt Swob, die Arbeiten weiter. Neu im Grundriß ist die Anordnung der Räume jeweils in gleicher Geschoßhöhe zu Raumfluchten und Appartements.

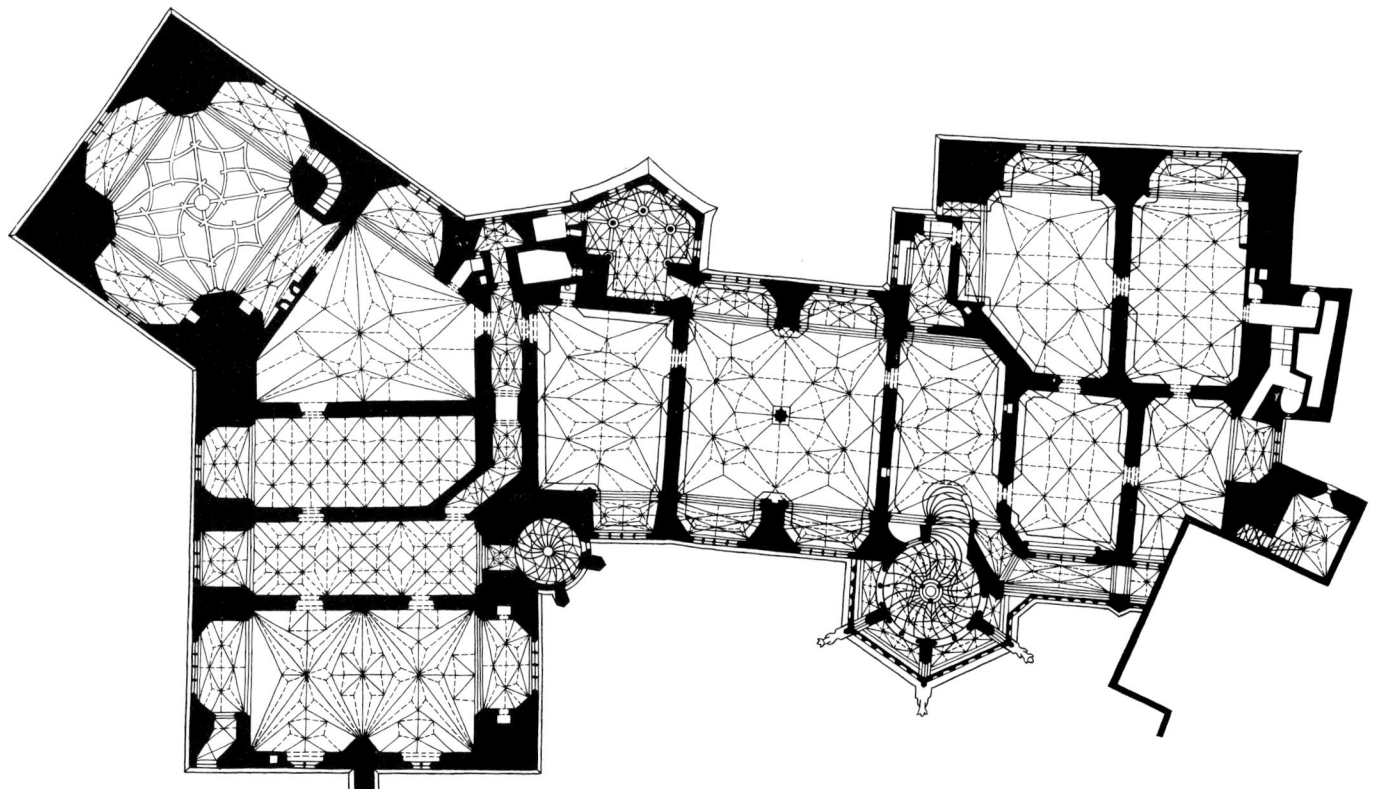

Meißen, Albrechtsburg
Hoffront

»Burg« ist die Albrechtsburg nur noch ihrer Lage nach, die die Unregelmäßigkeiten im Grundriß erklärt; Raumordnung und Gestaltung der Hoffront aber zeigen, daß an dem Bau der Übergang zum Schloß vollzogen ist. Besonders deutlich wird das an der Öffnung der Hoffront in große Vorhangbogenfenster und an den Lauben des großen Wendelsteins.

Die Bauaufgaben der Profanarchitektur

zwischen den tiefen Fensternischen aufgenommen, diese wirken wie nach innen gezogene Strebepfeiler. Auf Pfeiler, die aus der Bauflucht vortreten, wurde verzichtet: Sie hätten mit ihrem Vertikalismus zu viel Unruhe in die betont horizontal gegliederte Hoffassade gebracht. Statt dessen bezeichnen durchlaufende Horizontalgesimse an der Fassade die durchgehende Stockwerkteilung des Inneren. Große Vorhangbogenfenster öffnen die Wand.

Zur waagerechten Gliederung der Fassade bilden die Wendelsteine einen harmonischen Gegensatz. Im Großen Wendelstein, künstlerisch wie technisch das Prunkstück der Fassade, klingt schon die Vorliebe deutscher Baumeister für aufwendige Treppenhäuser an, bei Schloß Hartenfels in Torgau sollte er bald eine erste Nachfolge finden. Bei der Bildung der Außenseite mögen noch gewisse fortifikatorische Erwägungen mitgespielt haben, in der Gestaltung der Hoffront ist davon nichts mehr zu spüren. Burg ist die Albrechtsburg nur noch ihrer Lage nach. Vielmehr ist sie fürstlicher Wohnsitz, ist sie bereits Schloß, der Wehrzweck tritt hinter den Erfordernissen fürstlich-standesgemäßer Repräsentation zurück. Wenn auch die Formensprache eine andere ist, Raumgefühl und Wohnkultur haben nur eine Parallele: die Palastarchitektur der italienischen Renaissance.

Ursache für den Wandel der Burg war nicht nur die Verbreitung der Feuerwaffen seit dem Ende des 14. Jahrhunderts, wenn diese ihr auch viel von ihrer Bedeutung als Wehrbau nahm. Entscheidend war die ökonomische und politische Entwicklung in den deutschen Territorien. Aus Trägern königlicher Lehen waren die großen Feudalherren zu fast selbständigen Territorialfürsten geworden. In ihren Händen lag genügend

Meißen, Albrechtsburg
Kirchensaal

1521 mahnte der Herzog, den Innenausbau zu vollenden; die Bauleitung hatte jetzt Jakob Haylmann von Schweinfurth. 1525 waren die Arbeiten abgeschlossen. Repräsentative, gut durchlichtete Räume sind bezeichnend für den Innenausbau, sie belegen eine neue höfische Wohnkultur. Der zweischiffige Kirchensaal ist mit Zellengewölben mit unterlegten Rippen gewölbt.

Burg und Schloß

Macht, um die feudale Ordnung aufrechtzuerhalten und den Landfrieden zu sichern. Dabei bedienten sie sich der Söldnerheere und brauchten sich nicht mehr auf einzelne Burgen zu stützen. Die kleinen Grundherren, die Ritter, hatten ihre Selbständigkeit weitgehend eingebüßt und waren zu Höflingen der Fürsten geworden. Der Wohnsitz des Fürsten war nicht mehr Hauptbefestigung, sondern Verwaltungszentrum und Residenz. An die Stelle der Burg traten Schloß, Residenz und Festung. Die von den Fesseln des Wehrzwecks befreite Schloßbaukunst konnte nun auch dem fürstlichen Anspruch nach Repräsentation in vollem Maße gerecht werden. Auch hier war es letztlich die ökonomische Entwicklung, die die künstlerische wesentlich mitbestimmte.

Stendal, Uenglinger Torturm

Der mächtige quadratische Backsteinbau mit seinen runden Ecktürmchen, dem mittleren runden Turmaufsatz und der reichen Blendgliederung wurde wohl von Steffen Buxthude um 1450/60 errichtet.

Stadt und Stadtbefestigung

Seit Beginn der Gotik traten immer häufiger städtisch-bürgerliche Bauaufgaben in den Vordergrund: die Stadt selbst wurde zur Bauaufgabe. Die alten Stadtanlagen, wenn sie sich nicht über den Resten von Römerstädten erhoben, waren im Schutze einer Burg oder eines Bischofssitzes allmählich und unregelmäßig gewachsen. Die Gründungen des 13. und 14. Jahrhunderts, Stadterweiterungen wie neue Städte, wurden planmäßig angelegt. Zwischen ihren gestreckt rechteckigen Baublöcken schneiden sich die Straßen annähernd im rechten Winkel. Grundlage der Planung war der Baublock, die Plätze wurden ausgespart. Bezeichnend ist die Lage der Kirche auf eigenem Kirchplatz, der mit dem Hauptplatz nur durch eine Passage verbunden war. Das Streben nach Vereinheitlichung der Straßen- und Platzräume und der Baukörper prägte das Stadtbild, ältere Teile wurden in die Neugestaltung einbezogen und mit dem Neuen zu einer Einheit verschmolzen.

Die durchgreifendste Wandlung war der Übergang von der Giebelstellung des Hauses zur Traufstellung im 15. und 16. Jahrhundert. Früh wurde die Firstschwenkung in Süd- und Mitteldeutschland vollzogen, in Niederdeutschland und besonders in den Küstenstädten hielt man lange an der Giebelstellung fest. Die Traufstellung ließ die Häuser zusammenrücken, der Baugrund konnte besser genutzt werden, und die nun in voller Höhe des Hauses einheitlichen Brandmauern boten ein höheres Maß an Feuersicherheit. Das Brandschutzproblem war eng mit dem benutzten Baumaterial verbunden. Schon früh wird deshalb der Steinbau verlangt, vor allem nach verheerenden Brandkatastrophen. In Lübeck forderten bereits 1300 die Ratswillküren »steinerne muren«. Oft wurden Steuervergünstigungen oder Unterstützungen für Materialkäufe gewährt, um den Steinbau zu fördern. In Basel kam es nach 1477 zum Verbot von Schindeldächern, in Frankfurt am Main hatte man sie schon 1400 untersagt. Ziegeldächer setzten sich aber erst am Ende des 15. Jahrhunderts durch. Steinbau und Steinbedachung verbreiteten sich in den deutschen Territorien unterschiedlich. In Breslau wurde nach einem großen Stadtbrand

Tangermünde, Neustädter Tor
Feldseite

»Tongere muthi« wurde erstmals 1009 von Thietmar von Merseburg erwähnt. Die Befestigung der Stadt erfolgte unter Kaiser Karl IV. Das Neustädter Tor, eines der prachtvollsten in der gut erhaltenen Anlage, erhielt seine Gestalt um 1450. Baumeister des Doppelturmtores mit Vortor, Zwinger und Brücke war vielleicht Steffen Buxthude.

der Ring 1342 in Stein aufgebaut, andernorts gab es bis in das 16. und 17. Jahrhundert hinein Städte, die noch überwiegend in Holz errichtet worden waren.

Auch innerhalb einer Stadt selbst gab es große Unterschiede. Die steinernen, architektonisch ausgezeichneten Bauten der städtischen Oberschicht, um den Markt und an einigen Hauptstraßen konzentriert, waren nur der kleinere Teil der städtischen Bebauung, den Hauptteil bildeten die in Fachwerk oder Holz errichteten Häuser der Handwerker und Tagelöhner, die in den Randzonen der Stadt in der Nähe der Stadtmauern lagen.

Schließlich gewannen im 14. und 15. Jahrhundert die rechtlich und sozial mindergestellten Vorstädte an Bedeutung. Nicht wie die Innenstädte durch Mauern eingeengt, boten sie Raum für wirtschaftliche Entwicklung, für Landwirtschaft und Gartenbau. Nicht selten überflügelten sie in

Lübeck, Holstentor
Stadtseite

1476/77 erbaute Hinrich Helmstede das repräsentative Tor. Dessen Torhaus mit Staffelgiebel wird auf der Feldseite von mächtigen Rundtürmen flankiert, auf der Stadtseite sind alle Teile zu einer Schauwand zusammengefaßt.

ihrem Wachstum die Altstädte. Ihre Gebäude bestanden überwiegend aus Fachwerk, in Kriegszeiten wurden sie nicht selten niedergelegt.

Die Größe mittelalterlicher Städte war recht unterschiedlich. Es gab etwa 50 Mittelstädte mit 2000 bis 10.000 Einwohnern. Großstädte waren Köln mit etwa 30.000, Lübeck mit 25.000, Nürnberg und Ulm mit etwa 20.000 Einwohnern. Im 14. Jahrhundert nahm Halberstadt ein Areal von etwa 75 Hektar ein, Frankfurt a. M. etwa 120, Nürnberg etwa 140 und Aachen etwa 175 Hektar. Nach der Flächenausdehnung war Köln mit seinen etwa 400 Hektar mit Abstand die größte deutsche Stadt.

Die Häuser an Straßenzügen und Platzseiten wurden zu einheitlichen Wänden, die den Straßen- und Platzräumen Geschlossenheit verliehen. Über den Traufen wurden Zwerchgiebel als Vertikalakzente beliebt. Der Markt als Mittelpunkt der Stadt zog die meisten baukünstlerischen Kräfte an sich, Arkaden, Laubengänge, umgaben ihn häufig. Wohl sind diese einem Zweckbedürfnis entsprungen, trotzdem übten sie eine starke gestalterische Wirkung auf den Platzraum aus. Innerhalb der Freiräume wurden die Monumentalbauten, vor allem die vertikalen Akzente der Türme, zu Blickpunkten, zu städtebaulichen Dominanten. Der Größenunterschied zwischen ihnen und den Wohnbauten schuf den entscheidenden optischen Maßstab.

Die wichtigste Bauaufgabe für die Bürger einer Stadt war die Stadtmauer. Sie grenzte die Stadt von der feudalen Umgebung ab, auch ökonomisch, rechtlich und politisch und bot ihren Bürgern Schutz vor den Übergriffen der Feudalherren. Nach ersten Sicherungen der Siedlungen durch Wall, Graben und Palisaden entstanden in der zweiten Hälfte des 12. Jahrhunderts in Deutschland die ersten Ummauerungen. In gemeinsamer Arbeit errichtet, wurden sie zu monumentalen Zeugen der Einheitsbestrebungen innerhalb des Gemeinwesens.

Zunächst waren dies einfache, kunstlose Zweckbauten, als man aber später zum Bau großer Wehranlagen überging und Tore und Türme reich dekorierte, brauchte man auch spezialisierte Steinmetzen. Das Koblenzer Mauerbuch von 1276–1289 läßt erkennen, wie der Bau der Stadtmauer organisiert war und wie dazu Bauern und Handwerker dienstverpflichtet wurden. Die Stadtbefestigung unterstand nicht den Kommunen, sondern der Landesherrschaft. Die Mauern wurden mit hohen, schlanken Türmen bestückt, die eine gute Fernsicht boten. Ihre Abstände richteten sich nach der mittleren Reichweite der gebräuchlichen Schußwaffen. Eine große Zahl von Türmen war zudem ein Zeichen für Reichtum und Macht einer Stadt. Auch die Stadtmauern wurden möglichst hoch aufgeführt, sie besaßen nach dem Felde zu kleine Schießscharten und an der Innenseite oft überdachte Wehrgänge. In Rothenburg ob der Tauber, Dinkelsbühl und Tangermünde haben sich Stadtmauern des 14. Jahrhunderts gut erhalten.

Die empfindlichste Stelle innerhalb der Stadtbefestigung waren die Tore. Sie waren besonders vielgestaltig und wurden zu auserwählten Stellen für künstlerischen Schmuck. Eine Grundform war der Torturm, in dessen Untergeschoß die Durchfahrt lag, manchmal befand sie sich auch seitlich des Turmes. Auf spätantike Wurzeln geht das von zwei Türmen flankierte Tor zurück. Zwischen den Türmen kann auch ein Torhaus liegen. Ein besonders schönes Beispiel dafür ist das **Holstentor in Lübeck**, das Hinrich Helmstede 1476/1477 erbaute. Doppeltore bestanden meist aus einem kräftigen Torturm, dem sich ein von Mauern eingeschlossener Zwinger anfügte, den dann ein von einem oder zwei Türmen flankiertes Torhaus abschloß. Um 1400 fallen besonders die sogenannten Fanghöfe vor den Stadttoren auf, die von hohen Mauern umgeben waren. Die Barbakanen, die den Fanghöfen der Doppeltore verwandt sind, dienten als vorgeschobene Teile der Befestigung der Außenverteidigung. Mit Fanghöfen und Barbakanen war eine Tiefenstaffelung im Verteidigungssystem erreicht, wie sie später zur Abwehr von Feuerwaffen besonders wichtig wurde. Schließlich wurden richtige Torburgen mit Barbakane, Vortor, Zwinger und Haupttor errichtet.

Einen Wandel erlebte auch die Stadtbefestigung, als die Feuerwaffen in Gebrauch kamen. Waren früher Mauern und Türme möglichst hoch, da für die Verteidigung vor allem die Schwerkraft genutzt wurde, so legte man sie jetzt niedriger und massiver an, mußten sie doch der größeren Durchschlagskraft der Geschütze standhalten. Seit dem Ende des 15. Jahrhundert entstanden breite und niedrige Geschütztürme.

Nachdem die politische Entwicklung und die veränderte Waffentechnik Mauern und Türmen viel von ihrem praktischen Wert genommen hatten, erfuhren sie eine immer reichere dekorative Gestaltung. Vor allem Tore und Türme erfreuten sich eines zunehmenden Schmuckes mit Auskragungen, Nebentürmchen, Zinnen und sogar Fenstern auf der Feldseite. Dem ankommenden Fremden sollten sie schon vor dem Betreten der Stadt von deren Macht und Reichtum künden. An die Stelle des Verteidigungszweckes traten repräsentative Aufgaben.

Beispiele dafür sind Tore in Neubrandenburg, Stralsund und Rostock, das **Uenglinger Tor in Stendal** und das **Neustädter Tor in Tangermünde**.

Rathaus und Bürgerhaus

Von den Gemeinschaftsbauten innerhalb der Stadt war das Rathaus der bedeutendste. Wenn die ältesten Rathäuser, zum Beispiel das in Gelnhausen, auch noch romanische Stilformen zeigen, ihre Raumformen sind gotisch. Das Rathaus war ein Mehrzweckgebäude. Die Gewölbe seines Erdgeschosses nahmen die Stadtwaage auf, boten verschiedenen Gewerben Platz für Verkaufsstände und dienten nicht selten dem Wein- oder Bierausschank. Das Obergeschoß enthielt den Saal der Stadtgemeinde und einen kleineren Raum als Rats- oder Schöffenstube. Ein Laubengang oder die Gerichtslaube waren der Ort der Rechtsprechung; Turm und Roland verwiesen

Münster, Rathaus
Marktfront

Die neue Fassade wurde 1335 vor den Bau des 13. Jh. aufgeführt. 1944 zerstört, wurde das Rathaus 1948 und 1950/58 wieder aufgebaut. Über Erdgeschoßlauben und dem Hauptgeschoß mit seinen Maßwerkfenstern erhebt sich in vier Staffeln ein siebenachsiger Treppengiebel.

auf städtische Gerichtsbarkeit, großartige Schaugiebel kündeten von Wohlstand und Bürgerstolz.

Die unterschiedliche rechtliche Stellung der Städte – nicht alle hatten ihre Freiheit von grundherrlicher Bevormundung erkämpfen oder erkaufen können – wirkte auf die Gestalt der Rathäuser ein.

In Münster hat sich hinter der Fassade noch die Anlage des 13. Jahrhunderts erhalten. Das Rathaus wurde urkundlich 1250 erstmals genannt. Die auf der vom Markt abgekehrten Seite liegende Ratskammer geht in ihrem Kern auf das 13. Jahrhundert zurück, wurde aber 1576 umgebaut. Das Giebelhaus stammt aus dem 14. Jahrhundert, der Giebel soll um 1335 entstanden sein, gehört aber wohl erst in die Zeit nach der Jahrhundertmitte. Über dem Keller, der dem Handel diente, erhebt sich der zweigeschossige Hallenbau der Bürgerschaft, im Erdgeschoß liegt davor die Gerichtslaube. Die große Ratsstube wurde erst im 15. Jahrhundert angefügt. Das Rathaus in Münster ist der Typ des Rathauses einer Stadt, deren Bürger sich selbst regierten. Ihren Zusammenkünften diente der

Lübeck, Heilig-Geist-Hospital
Blick auf die Spitalkirche

Das Heilig-Geist-Spital wurde zwischen 1276 und 1286 erbaut. Die Spitalkirche ist eine dreischiffige, zweijochige Halle, an die der Bettensaal anschloß. Die Fassade spiegelt die drei Schiffe.

Lübeck, Rathaus

1226 wurde Lübeck zur Freien Reichsstadt erhoben und der Rathausneubau zwischen Markt und Marienkirche errichtet. 1251, nach dem Stadtbrand, entstand die Marktfassade und der Nordquerflügel, 1298/1350 folgte der Hauptbau mit der nördlichen, 1435 die südliche Schildwand. Den »Kriegsstubenbau« fügte 1442/44 Nikolaus Peck dem Langen Hause an. Der Kanzleitrakt von 1484 wurde 1588 und 1614 verlängert. Die Renaissancelauben sind von 1570/71. Die Treppe wurde 1595 erneuert.

Saalbau. Erst als sich die städtischen Verhältnisse so entwickelt hatten, daß ein Rat das Stadtregiment übernahm und besoldete Ratsschreiber die Verwaltung ausübten, wurden Ratsstuben notwendig.

Einen anderen Typ stellt das **Braunschweiger Rathaus** dar, seine in einem Winkel zueinander stehenden Flügel kehren dem Markt ihre Traufseiten zu und diese haben eine besondere Gestaltung erhalten. Der Westflügel, zunächst ein einfacher Saalbau, erhielt eine prachtvolle zweigeschossige Laube vorgelegt. Die hohen Arkaden des Obergeschosses zeigen reiches Maßwerk, das mit den Chorgiebeln der benachbarten Pfarrkirche St. Martin korrespondiert. Der Nordflügel, der das Laubenmotiv weiterführt, ergänzt die Front des Westflügels zu einer einheitlich gestalteten, raumgreifenden Marktfassade. Durch übergreifende Formenzusammenhänge ist eine platzschließende Ensemblewirkung angestrebt. So gehört das Braunschweiger Rathaus auch in städtebaulicher Hinsicht zu den bemerkenswertesten Lösungen.

Hildesheim, Templerhaus

Das Patrizierhaus von Harlessem wurde wahrscheinlich 1320/30 erbaut, der reiche Erker 1591 angefügt.

Rathaus und Bürgerhaus

Stralsund, Rathaus
Schaugiebel am Markt

Bereits 1278 entstanden die beiden Flügel zu Seiten des schmalen Binnenhofes, der Kopfbau mit der zweischiffigen Erdgeschoßhalle wurde in der ersten Hälfte des 15. Jh. errichtet. Der Hof erhielt seine heutige Gestalt nach einem Brand 1680 durch Nils Eosander. An der sechsachsigen Marktfront überragt der Giebel die beiden Untergeschosse und bildet vor den drei Häusern dahinter eine reiche, durch Windlöcher aufgelockerte Schauwand.

In Städten, wo ein Schultheiß oder Vogt den Stadtherrn vertrat, entstand das Rathaus als Amtshaus mit nur kleineren Räumen für Verwaltung und Schöffensitzungen. **Das Tangermünder Rathaus** zeigt in seinem Kernbau mit den zwei Einstützenräumen diesen Typ noch recht klar. Der heutige Bau besteht aus einem um 1430 errichteten Ostflügel und dem um 1480 angefügten Südflügel mit offener Erdgeschoßlaube. Zwischen beide Trakte wurde um 1500 ein Winkelbau eingeschoben, dessen Fachwerkobergeschoß vermutlich beim Stadtbrand im Jahre 1617 zerstört wurde. Der Giebel an der Ostseite ragt beträchtlich über die Dachlinien des zweigeschossigen Gebäudes empor. Die Fassade ist dreigeschossig und dreiachsig. Polygonale Strebepfeiler geben die Grundstruktur der Vertikalgliederung, breite Maßwerkfriese aus glasierten Formsteinen setzen die Geschosse gegeneinander ab. Im Gegensatz zu der zurückhaltenderen Wandbehandlung der beiden Untergeschosse, deren Flächigkeit ursprünglich bei einfachen Stichbogenfenstern mit Holzzargen im Hauptgeschoß stärker zur Geltung kam, ist die Giebelzone, die mehr als die Hälfte der Gesamthöhe einnimmt, äußerst reich mit Blendarkaden, zum Teil durchbrochen gearbeiteten Maßwerkrosen, mit Stabwerk und Wimpergen geschmückt. Die bis ins Detail nachweisbaren Übereinstimmungen der Giebelzier des Tangermünder Rathauses mit Formen der 1437 geweihten Fronleichnamskapelle der Katharinenkirche in Brandenburg lassen darauf schließen, daß der Schöpfer des Ostflügels des Tangermünder Rathauses mit seiner prächtigen Giebelfront ebenfalls der Baumeister Hinrich von Brunsberg war.

Aufwendige Rathäuser entstanden in den reichen Hansestädten. An erster Stelle ist das von **Lübeck** zu nennen, wo der beeindruckende Gruppenbau aus **Rathaus, Kaufhaus** und **Tanzhaus** von Anfang an gemeinsam mit der Hauptpfarrkirche St. Marien als stadtbeherrschendes Ensemble geplant und ausgeführt wurde. Die ältere, südliche Marktfassade wurde zum Prototyp aller späterer Rathausfassaden in den hanseschen Quartieren; die Nordfront entwickelte das Motiv weiter. Auch die in Lübeck ausgeprägte städtebauliche Zusammenfassung und wechselseitige Steigerung von Rathaus und Pfarrkirche zu einer monumentalen Baugruppe wurde in anderen Hansestädten aufgegriffen und weitergeführt. In **Stralsund** wurden die beiden parallelen Häuser von **Rathaus** und **Tuchhalle** schon im 13. Jahrhundert quer zur Achse der Nikolaikirche vor deren doppeltürmigen Westbau gestellt. Der nördliche Kopfbau am Markt entstand um die Mitte des 15. Jahrhunderts. Die prächtige sechsteilige Breitfassade zeigt über den Arkaden der Erdgeschoßlauben von kräftigen Pfeilertürmen flankierte Wandfelder, die über der Fensterzone des Obergeschosses schlanke, steile Giebel bilden.

Vom Markt aus gesehen fügen sich Rathaus und Nikolaikirche zu einem eindrucksvollen Ensemble zusammen. Bei aller Formenvielfalt wird Monumentalität und Würde erreicht.

Wie die Städte aufblühten, so wuchsen auch ihre Rathäuser. In Braunschweig bilden die beiden Flügelbauten zwei Seiten des Marktplatzes. In Stralsund ist nach Lübecker Vorbild vor die bei-

Tangermünde, Rathaus

Der Ostflügel mit der reichen Fassade zum Markt wurde vielleicht von Hinrich Brunsberg um 1430 gebaut. Der Südflügel mit der Gerichtslaube entstand in der zweiten Hälfte des 15. Jh. Der Giebel aus Formsteinen, dessen Maßwerkrosen zum Teil durchbrochen gearbeitet sind, gehört zu den schönsten seiner Art.

den durch einen schmalen Hof getrennten Saalbauten der Kopfbau mit dem Schaugiebel vorgelegt. Der reiche Gruppenbau des Lübecker Rathauses spiegelt in seinem Wachsen die Entwicklung dieses Gemeinwesens ebenso wider, wie es die Hauptpfarrkirche St. Marien in ihrer Baugeschichte tut.

Neben den Rathäusern gab es auch vielfältige Gemeinschaftsbauten für Handel und Gewerbe, wie Tuch- und Fleischhallen, Zunft- und Gildehäuser sowie für die Geselligkeit Tanz- und Hochzeitshäuser. Schulen und Hospitäler entstanden meist im Zusammenhang mit einem Kloster. Da die Krankenpflege im Mittelalter vor allem eine Aufgabe der Klöster war – besonders die Franziskaner nahmen sich in den Städten der Kranken an –, gingen die Hospitäler in ihrer Anlage von der Form der Klöster aus. An das Kirchengebäude, mit diesem durch große Bogenöffnungen verbunden, schloß der Krankensaal an, der meist als dreischiffige Halle ausgebildet war. Um einen

Braunschweig, Rathaus

Der fünfachsige, zweigeschossige Westflügel war 1302 schon vorhanden, 1347 entstand der Südflügel parallel zur Martinikirche, danach wurde der Nordflügel im rechten Winkel angefügt, und der Südflügel erhielt seine Lauben. 1447/68 kamen Lauben an den Nordflügel. Die 17 Statuen von Liudolfingern und Welfen an den Pfeilern schufen 1455/68 Hans Hesse und Hans Müller.

Rathaus und Bürgerhaus

Greifswald, Haus am Markt 11

Das Haus Markt 11 mit seinem hohen Pfeilergiebel ist eines der wenigen, die die Stadtbrände überdauert haben. Die reiche, vielteilige Gliederung und der Einsatz glasierter Ziegel erinnert an Bauten Hinrich Brunsbergs.

Binnenhof lagen die notwendigen Nebenräume. Diese unmittelbare räumliche Verbindung von sakralem und profanem Bereich war zugleich baulicher Ausdruck der untrennbaren Einheit von Seelsorge und karitativer Tätigkeit.

Eines der ältesten erhaltenen Beispiele ist das vom Deutschen Orden gegründete, bald aber von der Stadt übernommene **Heilig-Geist-Spital in Lübeck**, das zwischen 1276 und 1286 erbaut wurde.

Der Heilig-Geist-Orden war 1198 auf päpstliches Geheiß in einen bürgerlichen Hospitalorden umgewandelt worden. Im Verlauf des 13. Jahrhunderts löste er rasch alle älteren Einrichtungen der Kranken- und Armenpflege ab und hatte in den meisten deutschen Städten seine Niederlassungen.

Das bürgerliche Wohnhaus entwickelte sich aus der in den einzelnen Landschaften unterschiedlichen volkstümlichen Bauweise. Nach ihrer Stellung zur Straße sind zwei Typen zu unterscheiden: Giebelhäuser und Häuser in Traufstellung. Erstere sind der ältere Typ, in dem das alte Ackerbürgerhaus fortlebt, jene dagegen sind die charakteristischen Handwerkerhäuser. Im Süden herrschte der Steinbau vor. Mit seiner Formenfülle prägte das Fachwerk im mittleren Deutschland das Bild der Städte. Der Backstein bestimmte im Norden das Aussehen der Häuser und führte zu prachtvoller Ausbildung der die Fassade bildenden Giebelseiten. Ein besonderer Reichtum läßt sich in der Typenbildung beobachten. In Anlehnung an die festen Wohntürme des Adels in romanischer Zeit entstanden auch jetzt noch turmartige Häuser als städtische Adelssitze. Ihnen folgten gelegentlich auch die Häuser der Patrizier, oft sind sie durch eine große Diele oder Halle im Erdgeschoß ausgezeichnet. Das Straßenbild aber wurde von den bürgerlichen Reihenhäusern bestimmt. Die Raumnot innerhalb der Stadtmauern ließ die Häuser in die Höhe wachsen; man mußte schon mehrstöckig bauen, wollte man auf den schmalen Parzellen alle notwendigen Räumlichkeiten unterbringen. Trotz aller Vielgestaltigkeit lassen sich zwei Grundtypen erkennen, von denen unterschiedliche Entwicklungen ausgingen. Der **niederdeutsche Haustyp** wurde bestimmt durch die hohe Diele, die das Erdgeschoß einnahm und deren Decke vom »Hausbaum«, einem mächtigen Holzpfosten, getragen wurde. Darüber lagen Speicher. Im Verlauf der Entwicklung wurden von der Diele Nebenräume wie Kammern und Küche abgetrennt und so die verfügbaren Räumlichkeiten differenziert. Der **oberdeutsche Typ** war von Anfang an mehrräumig. Das Erdgeschoß enthielt einen dielenartigen Raum für gewerbliche Zwecke, der oft auch als Durchfahrt diente, dahinter lagen meist steinerne gewölbte Räume für Lagerzwecke. Im Obergeschoß waren die Wohnräume, darüber befanden sich in mehreren Stockwerken unter dem steilen Dach Speicher. Hinter dem Haus schloß meist ein Hof an, an dessen Rückseite Nebengebäude für Gewerbe, Stal-

Stendal, Rathaus

Der älteste Teil des Backsteinbauwerks ist der Laubenflügel mit der Gerichtslaube, Anfang 15. Jh., im Osten schließt der langgestreckte Gewandhausflügel aus der Mitte des 15. Jh. an, schräg stößt daran der Corpsflügel, um 1480, im 16. Jh. erneuert. Die steinerne Rolandfigur vor dem Laubenflügel ist von 1525.

lungen und Remisen, aber auch Mietwohnungen lagen. Diese aufwendigen Hausanlagen gehörten Patriziern, wohlhabenden Kaufleuten und Handwerkern der oberen Zünfte. Auf vielen dieser Häuser ruhten Brau- und Schankgerechtsame, mit denen etwa in Braunschweig, Görlitz, Goslar oder Wismar auch die Ratsfähigkeit verbunden war.

Die städtischen Mittelschichten, die von solchen Rechten ausgeschlossen waren, wohnten in einfachen, meist in Lehmbau oder schlechtem Fachwerk aufgeführten Häusern oder Buden ohne Giebel. Die Angehörigen der armen Bevölkerung, das waren etwa 50 Prozent der Bevölkerung, wohnten als Einlieger bei ihren Dienstherren, in primitiven Behausungen vor den Toren oder in Kellern. Nicht selten waren Wohlfahrteinrichtungen zu ihrer Aufnahme nötig wie die sogenannten Armengänge oder Gotteskeller in Lübeck im 15. Jahrhundert. In Wismar gab es 1475 nur 577 Wohnhäuser, aber etwa 1500 Buden oder Kellerwohnungen. In Dresden zählte man zur gleichen Zeit in der Innenstadt 426 »besessiner (besitzende) Lute«, aber am Stadtrand sehr viele kleine Häuserchen, »die denne arme lute und wittwen besitczen«.

Gegenstand baukünstlerischer Gestaltung waren nur die bürgerlichen Hausanlagen der städtischen Oberschicht. Sie waren durch Giebel, Erker und Portale ausgezeichnet und ihre Fassaden zierten oft aufwendige Malereien.

Von Wohnstätten der mittleren und unteren Bevölkerungsschichten hat sich nichts erhalten, einmal weil sie von schlechtem Material und wenig sorgfältiger Ausführung waren, zum anderen weil sie zuerst in späterer Zeit aufwendigeren Bauunternehmungen weichen mußten. So wie die Bevölkerung nach Besitz und sozialer Stellung differenziert war, so unterschiedlich waren auch ihre Behausungen. Der Differenzierungsprozeß verlief bis weit in das 16. Jahrhundert hinein. Die Ackerbürgerhäuser, die in vielen kleineren Städten in größerer Zahl standen, waren ganz auf den Landwirtschaftsbetrieb eingestellt und glichen einem Bauernhaus. Wirtschafts- und Wohnfunktion bildeten ja bei den meisten städtischen Häusern eine Einheit und diese formten den Grundriß der Giebelhäuser.

Bauhütte und Zunft

Die Bauherren der Romanik waren fast nur auf die Arbeitskraft ihrer Grunduntertanen angewiesen. Mit diesen aber hätte nie eine der großen gotischen Kathedralen errichtet werden können, dazu war eine große Zahl gut ausgebildeter Werkleute notwendig. Und auch wenn, wie zeitgenössische Quellen das berichten, Angehörige aller Stände in religiöser Begeisterung beim Bau halfen, so waren das doch nur Hilfsarbeiten. Damit ein Bauherr ihm nicht grunduntertänige Bauleute in größerer Anzahl beschäftigen konnte, mußte die Geldwirtschaft über die Anfänge hinaus gediehen sein.

Die weitgehende Freizügigkeit der Arbeitskräfte und der komplizierte Bauvorgang verlangten eine klare Regelung aller mit dem Bau zusammenhängenden Dinge. Wo eine Kathedrale begonnen wurde, schlossen sich Bauleute, die keiner Zunft angehörten, zu einem Kollektiv mit eigener Ordnung, zu einer Bauhütte, zusammen. Die Bauhütte garantierte dem Bauherrn gute Arbeit und bot den Werkleuten für damalige Zeiten günstige Arbeitsbedingungen.

Die Arbeit war kollektiv, der einzelne und sein Werk ordneten sich der gemeinsamen Aufgabe unter, ohne daß die künstlerische Qualität oder die individuelle Schöpferkraft verlorengingen. Die Steinmetzen bestimmten durch ihre Arbeit den Bauvorgang, aus ihren Reihen kamen sowohl die Baumeister als auch die Bildhauer, wenn sie nicht beides in einem waren. Von den Werkleuten der Bauhütte wurden alle Arbeiten für den Bau ausgeführt, auch die Bildhauerarbeiten. Hier liegt eine der Ursachen für den einheitlichen monumentalen Stil, der die Baukunst und die bildenden Künste gleichermaßen prägte.

Der Arbeitsplatz der Steinmetzen war die steinerne oder hölzerne heizbare Bauhütte unmittelbar am Bauplatz. Die Hüttenleute unterschieden sich in Tracht und Gebräuchen von anderen Handwerkern. Die Hüttenordnung regelte ihre Arbeit und ihr Leben; sie legte Rechte und Pflichten fest, schrieb die Ausbildung vor, bestimmte Löhne und Gebühren und gab Hinweise zur Schlichtung von Streitfällen und zur Ahndung von die Ordnungsverstößen. Oberster Richter war der Werkmeister von Straßburg, ihm nachgeordnet die von Köln, Wien und Bern.

Der Steinmetz wurde in einer Lehre von vier bis fünf Jahren ausgebildet, hatte einer schon Maurer gelernt, mußte er noch für drei Jahre in die Steinmetzlehre. Der Lehrzeit folgte ein Wanderjahr, danach war der Lehrling Geselle und konnte sich von einem Meister ein Steinmetzzeichen geben lassen. Diese Arbeitszeichen der Steinmetzen entwickelten sich aus einfachen, mitunter buchstabenähnlichen Formen zu den mannigfaltigsten Gebilden der Spätgotik. Der Geselle mußte sein Zeichen jedem Werkstück, das er gearbeitet hatte, vor dem Versetzen einschlagen, so wurde es als von seiner Hand geschaffen gekennzeichnet. Das größere Meisterzeichen wurde einem Schilde aufgelegt; an gut sichtbarer Stelle angebracht, diente es dazu, das Werk eines Meisters auszuweisen.

Wollte ein Geselle Meister werden, mußte er einem erfahrenen Hüttenmeister noch zwei Jahre als »Kunstdiener« oder »Meisterknecht« »umb Kunst, als auszugen, laubwerk oder bildniss dienen«. Ehe der junge Meister einen eigenen Bau übernehmen durfte, hatte er in praktischer Arbeit seine Fähigkeiten zu beweisen, und zwei anerkannte Meister mußten für ihn bürgen. Der Werkmeister, *Magister operis* oder Hüttenmeister, stand einer Bauhütte vor und hatte die

Westtürme der Kathedrale von Laon

Aus dem Bauhüttenbuch des Villard de Honnecourt, um 1240. Villard, ein Baumeister aus der Pikardie, zeichnete die Türme in sein »Livre de portraiture«, notierte dazu, daß er sie sehr schön fand und gab damit eines der seltenen ästhetischen Urteile des Mittelalters ab.

hundert, gibt uns einen einzigartigen Einblick in das umfangreiche Wissen und Können sowie in die Arbeitsweise eines mittelalterlichen Architekten in der Gotik.

Den Hüttenleuten war es streng verboten, theoretische Kenntnisse jemandem zu vermitteln, der nicht über praktische Fertigkeiten verfügte, die er in gründlicher Lehre erworben hatte. Dieses »Hüttengeheimnis« war notwendig, da das überlieferte Wissen mehr oder weniger aus Faustregeln für geometrische Konstruktion bestand, deren richtige Anwendung viel praktische Erfahrung voraussetzte. So sollten vor allem die Auftraggeber vor Schaden bewahrt werden.

Die gotische Baukunst entfaltet sich in dreifacher Weise: als Kathedralbau, als Zisterziensergotik und als Baukunst der Bettelorden. Die Kathedralbauten waren gleichsam die technischen Hochschulen des Mittelalters, die Zisterzienser

künstlerische und technische Leitung inne. Er mußte mit allen Arbeiten, vom Entwurf bis zur Ausführung des Details, vertraut sein und war zu eigener praktischer Mitarbeit verpflichtet. Übernahm er einen schon begonnenen Bau, dann durfte er den ursprünglichen Plan nur im Einvernehmen mit dem Bauherrn ändern. In Verwaltungsdingen stand ihm meist ein Baupfleger, auch *Magister* oder *Rector fabricae* genannt, zur Seite. In der Bauhütte unterstützte ihn der Parlier. Dieser vertrat den Werkmeister, und wie diesem waren auch ihm die Gesellen Gehorsam schuldig. Er legte die Arbeitszeit fest, wies den Gesellen die Arbeit zu, nahm die fertigen Werkstücke ab und verwahrte die Bauhütte.

Die kollektive Arbeit schuf einen Schatz kollektiver Erfahrungen, die von Generation zu Generation weitergereicht wurden. Die Bauhütten waren Träger dieser Tradition. Neben der mündlichen Überlieferung spielten Muster- und Bauhüttenbücher eine große Rolle. Eines davon, das »*livre de portraiture*« des französischen Baumeisters *Villard de Honnecourt* aus dem 13. Jahr-

Wandaufriß der Kathedrale in Reims

Aus dem Bauhüttenbuch des Villard de Honnecourt. Villard zeichnete auch das System eines Wandfeldes des Reimser Chores innen und außen, das ihm vorbildlich erschien.

Halle/Saale, Moritzkirche
Büste Conrad von Einbecks

vermittelten Kenntnisse der Wölbetechnik, des Quaderbaues und seines Fugenschnittes, die Bettelorden benutzten eine bürgerlich-handwerkliche Variante.

Die Bauhütten der Bischöfe und des Zisterzienserordens stellten die große Masse der spezialisierten Steinmetzen, auf die auch die Städte bei der Ausführung ihrer Parochialkirchen und Kommunalbauten nicht verzichten konnten. Auch für komplizierte Arbeiten an den städtischen Wehranlagen wurden Steinmetzen gebraucht. Bischöfe und Domkapitel stützten sich andererseits bei ihren Kirchenbauten auch auf ortsansässige Handwerker. Sie machten sich die Bewegung der Laienfrömmigkeit zunutze, gehörte es doch zu den seligmachenden guten Werken, einen Kirchenbau durch Arbeitsleistung und Geldopfer zu fördern.

Diese Laienfrömmigkeit kam besonders den für die Stadtmission gegründeten Bettelorden der Franziskaner und Dominikaner entgegen. Deren Armutsgelöbnis zwang sie, die Führung der Baukasse einer weltlichen Instanz, dem zuständigen Rat oder einer dem Kloster als Bruderschaft zugehörigen Zunft, zu überlassen. Da ihre Baugewohnheiten zu einer Vereinfachung des gotischen Systems führten, kamen sie bei ihren Kirchenbauten auch mit technisch und künstlerisch weniger geübten Handwerkern aus. So drang gerade bei den Bettelordenskirchen die Zunftorganisation der Städte als Erbauer, Geldgeber und Bauverwalter in das kirchliche Bauwesen in Deutschland ein.

Seit der Mitte des 13. Jahrhunderts traten den Bauhütten bürgerliche Bauzünfte gegenüber, die mit den Neugründungen von Städten und den zahlreichen Stadterweiterungen besonders notwendig wurden.

In der Folge dieser Entwicklung wurde die Massivbauweise für die Städte charakteristisch.

Die Zünfte traten in großen Mischverbänden auf, die die Angehörigen der verschiedenen Baugewerke vereinigten. Sie schufen sich, gemäß den erweiterten Produktionsaufgaben, über die Zunftschranken hinausgehende Satzungen. Wohl benötigten sie noch lange Zeit, ehe sie mit den Hütten technisch und künstlerisch konkurrieren konnten, aber dort, wo durch bürgerliche Bauzünfte der Backsteinbau in großem Maßstab entwickelt worden war, beschränkte sich der Einsatz von Bauhüttenleuten auf den Entwurf und auf die Anfertigung komplizierter und konstruktiv wichtiger Werksteinteile.

Bei großen Bauaufgaben wuchsen die Zünfte in die von den Hütten geschaffene Organisationsform hinein, ohne allerdings ein gleiches Maß an straffer Organisation zu erreichen.

Der durch Leistungen hervorgetretene Maurermeister oder städtische Steinmetz konnte einen städtischen Werkmeisterposten erhalten. Wenn aber die Steinmetzen in städtische Dienste traten, konnten die Hüttenmeister nicht mehr ihre exemten Personalverbände beisammen halten. Sie mußten um die Wahrung ihres Berufsbildes und die Erhaltung ihrer Privilegien kämpfen. Sie suchten ihre Bauregeln vor den Zunftmeistern geheimzuhalten und schlossen sich verstärkt in Bruderschaften zusammen. Nach Vorgesprächen in Speyer und Straßburg kamen die führenden Werkmeister 1459 in Regensburg zusammen, weil hier die Stellung Konrad Roritzers gegenüber dem Regensburger Rat zu einer Gefährdung der Hüttenfreiheit zu werden drohte. Beabsichtigt war, eine Reichssatzung für das Bauhüttenwesen auszuarbeiten und eine Bruderschaft als Berufsverband der Steinmetzen zu bilden, deren Ordnung durch Kaiser und Papst bestätigt werden sollte. So erhoffte man sich Schutz gegenüber allen Bauherren. Die Regensburger Ordnung wurde an die wichtigsten Hütten und an die potentiellen Bauherrn, die Fürsten und Reichsstädte verschickt, die sie »nach des Landes Notdurft zu mehren oder zu mindern« suchten. Die Bauhütten erreichten zwar die Bestätigung ihrer Ordnung durch Kaiser und Papst, doch entbrannte auf der Grundlage der örtlichen Hüttensatzungen der Streit zwischen Bauhütten und Bauzünften. Zu Bartholomäi 1462 kamen in Torgau die Werkmeister des kirchlichen Bauwesens aus jenen sächsischen Gebieten zusammen, in denen die wettinische Landesherrschaft noch jung war oder nur als Lehensherrschaft galt, und berieten Fragen einer Steinmetzordnung und einer Bruderschaft; sie schlossen sich der Regensburger Rahmensatzung an.

Diese Tagung erregte den Argwohn und die Mißbilligung der Landesherrschaft und der Bauzünfte. Zu Michaelis des gleichen Jahres folgte daher in Torgau eine zweite Landestagung, auf der sich Meister, Parliere und Delegierte der Gesellen des ganzen sächsischen Steinmetzhandwerks trafen, und zwar überwiegend die der zünftig organisierten Baugewerke. Da man sich nicht einigen konnte, stellten die zu dieser zweiten Torgauer Tagung Versammelten zwei Ordnungen auf: eine für die Meister und Parliere, die den Bauhütten zuneigten, und eine für die Gesellen, die meist der Maurerzunft angehörten.

Diese zwiespältige Ordnung war natürlich nicht anzuwenden. Als eine Abordnung der sächsischen Steinmetzmeister 1464 Kurfürst Friedrich II. um Bestätigung der Satzungen bat, gab er dieser den Charakter eines Schutzbriefes und stellte das gesamte Bauwesen in seinem Lande unter die Aufsicht seiner Amtleute und Vögte. So erhielt Sachsen als erstes der deutschen Länder eine vom Fürsten ausgehende Landessatzung für das Bauwesen. Der oberste kursächsische Werkmeister, Arnold von Westfalen, wurde 1471 dem sächsischen Bauwesen als Landesbaumeister vorgesetzt. Die so eingeleitete Entwicklung sollte sich in der Folgezeit allgemein durchsetzen.

Die Bauhütte entsprach einer Zeit mit kollektivem Auftraggeber. Je mehr aber das Bürgertum erstarkte, je häufiger der Bürger als Auftraggeber und Käufer von Kunstwerken auftrat, um so eher konnte sich der einzelne Künstler aus dem Kollektiv der Hütte lösen und sich selbständig behaupten. Zuerst verließen Maler und Bildhauer den Hüttenverband, die Bauleute blieben ihm zum Teil noch bis ins 16. Jahrhundert verbunden. Damit aber trat die bildende Kunst aus dem großen Zusammenhang der Architektur heraus, sie wurde zur Werkstattkunst und verlor ihren monumentalen Stil. Nicht mehr der Stein, sondern das Holz wurde zum bevorzugten Werkstoff. Natürlich wirkten auch Auftrag und Geschmack der Auftraggeber ein, der Bürger ließ noch keine Kirchen bauen, er bestellte Altäre, Andachtsbilder und Tafelbilder.

Nach dem Vorbild der städtischen Handwerker schlossen sich die Künstler, die die Hütte verlassen hatten, in Zünften zusammen. Die erste Aufgabe der Zunft, die zunächst einen Verband von gleichgestellten, selbständigen Unternehmern darstellte, war der Schutz der Produzenten, besonders gegen eine zu starke Konkurrenz. Dem zünftigen Meister bot sie künstlerische Freiheiten, wie sie die Hütte mit ihrer Abhängigkeit von der Kirchenbehörde nie gewähren konnte. Noch waren Kunst und Handwerk nicht geschieden, aber aus den Zünften gingen die modernen Künstler der Renaissance hervor.

Noch immer erheben sich gotische Bauwerke – Dome und Pfarrkirchen, Burgen und Rathäuser, Stadttore und Bürgerhäuser – in unseren Städten, bewundert meist, manchmal auch kaum beachtet oder als Hindernis für neues Bauen vom Abriß bedroht. Sollen sie weiterhin bewahrt werden, bedarf es ständiger sachgerechter Pflege.

Schon seit langem sind sie nun schon Vergangenheit und doch bleiben sie greifbare Wirklichkeit. In ihrer Geschichte spiegeln sich die Geschicke mancher Stadt, ja des ganzen Volkes wider. Diese gotischen Bauwerke zeugen von einem Menschentum, das seinen Ideen architektonische Gestalt verlieh und im Höhenflug seines künstlerischen Wollens an die Grenzen des dem Steine Möglichen rührte. Sie künftigen Generationen zu erhalten, ist unsere Aufgabe, unsere Pflicht.

Anhang

Zeittafel 138
Literaturhinweise 141
Ortsregister 143
Abbildungsnachweis 143

	Frühgotik	**Hochgotik**	**Spätgotik**
Frankreich	1140–1200	1200–1350	1350–gegen 1520
Deutschland	1220–1250	1250–1350	1350–1530
Leitbauten:	Kathedralen	Kathedralen	Pfarrkirchen
Auftraggeber:	Bischof, Domkapitel	Bischof, Domkapitel, Hof, Bürgerschaft	Bürgerschaft, Territorialfürsten
Bauleute:	Bauhüttenleute	Bauhüttenleute	Bauhüttenleute – zünftige Handwerker
Arbeitsorganisation:	Klösterliche Verbände von baukundigen Laienbrüdern, Bauhütte	Bauhütte	Bauhütte Zünftiger Handwerksbetrieb
Entlohnung:	Tage- oder Gedinge-(Objekt-)lohn	Tage- oder Gedinge-(Objekt-)lohn	Tage- oder Gedinge-(Objekt-)lohn
Lage:	Innerhalb der Stadt Anspruch der Dominante	Innerhalb der Stadt Anspruch der Dominante	Innerhalb der Stadt Einfügen in die Stadt, abgerückt vom zentralen Platz
Außenbau:	Baukörper durch Strebepfeiler gegliedert Wand = eingespannte Splitterflächen Keine Denkmalhaftigkeit – Agitation für kirchliche Lehren (Fassade!)	Baukörper durch Strebepfeiler und -bögen verschleiert Wand = Splitterflächen mit Stabwerk überspannt Keine Denkmalhaftigkeit – Agitation für kirchliche Lehren (Fassade!) Reduktionsgotik: Verzicht auf Strebebögen, Betonung der Wand	Geschlossener Baukörper Flächenhafte, kaum oder nicht-gegliederte Wand Keine Denkmalhaftigkeit und Agitation, einfaches Da-Sein
Raum:	Divisiver Raum, z. T. mit additiven Reminiszensen Raumvereinheitlichung in Richtung Saal, einheitlicher ästhetischer Erlebnisraum in allen Teilen gleichwertig In Tiefe und Höhe gerichteter Raum, Raum strahlt aus	Divisiver Raum, Raumverschleifung Abtrennung des Chores (Querhaus, Lettner) In Tiefe und Höhe gerichteter Raum, ausstrahlender, über sich hinausweisender Raum, Entwicklung zum einheitlichen Andachtsraum Reduktionsgotik: Neigung zur Raumweitung (weiter Arkadenschritt)	Einheitsraum, in den technisch notwendige Stützen eingestellt sind, Joch- und Schiffsteilung verschliffen Raum in allen Teilen gleichwertig Richtungslos, aber innerhalb klarer Grenzen schwingender Raum Einheitlicher Andachtsraum Predigtraum
Kult:	Stärkere Teilnahme der Gemeinde (Elevation der Hostie)	Predigt gewinnt an Bedeutung (Bettelorden), Anfänge der privaten Andacht	Predigt rückt in den Mittelpunkt des Gottesdienstes, private Andacht
Grundriß:	Konzeption vom Ganzen aus, divisiv, Reste des gebundenen Systems Ausschaltung oder Verschleifung des Querhauses Axialer, mehrschiffiger Bau mit Kapellenumgangschor (Kathedralchor)	Konzeption vom Ganzen aus, divisiv Betonte Wiederaufnahme des Querhauses und dessen Verschleifung mit dem Kathedralchor zu einem zentralisierten Raumbecken, das im Gegensatz zum achsial gerichteten Langhaus steht Austeilung des Grundrisses nach der gotischen Travée	Konzeption vom Ganzen aus, geschlossener Umriß, Verzicht auf Querhaus Hallenumgangschor oder Hallenchor mit parallel endenden Schiffen Einheitsraum mit eingestellten Stützen, verschliffenen Joch- und Schiffsgrenzen
Bautyp:	Gewölbebasilika	Kreuzförmige Gewölbebasilika	Halle
Schnitt:	Gesamtbreite zu Mittelschiffshöhe wie 1 : 1,25, Mittelschiffsbreite zu -höhe wie 1 : 2,5	Gesamtbreite zu Mittelschiffshöhe wie 1 : 1,5, Mittelschiffsbreite zu -höhe wie 1 : 3,5	Gesamtbreite zu Mittelschiffshöhe wie 1 : 0,8 bis 1, Mittelschiffsbreite zu -höhe wie 1 : 2,5

	Frühgotik	**Hochgotik**	**Spätgotik**
Frankreich	1140–1200	1200–1350	1350–gegen 1520
Deutschland	1220–1250	1250–1350	1350–1530
Raummantel:	Diaphane Wand – raumhaltiges Gitterwerk, ein Gerüst aus körperlich-plastischen Vertikalgliedern ist mit Raumgrund – entweder als optischer Dunkelgrund oder als Lichtgrund – hinterlegt, Raum und Raummantel durchdringen sich, die Raumgrenzen sind unklar, die Gliederung ist haptisch-plastisch	Reduktionsgotik: stärkere Betonung der Wandflächen	Geschlossene, flächenhaft wirkende Wand, durch Hell-Dunkel-Gegensätze optisch-malerisch gegliedert, Raum und Raummantel geschieden, klare Begrenzung des Raumes
System des Aufrisses:	4-zonige Gliederung: Arkaden-Emporen-(Blend-)Triforium-Lichtgaden Vorherrschaft der Vertikalglieder, Wandkontinuum durchbrochen, eingespannte Splitterflächen u. Füllflächen zwischen den Stützen	3-zonige Gliederung: Arkaden-Triforium-Lichtgaden Statt des Wandkontinuums und des Gegensatzes von Stütze u. eingespannter Splitterfläche eine kontinuierliche Abfolge vertikaler Glieder Stabwerk Reduktionsgotik: Verzicht auf Triforium, Zweizonigkeit des Aufbaus: Arkaden-Lichtgaden, größere Wandflächen bleiben gewahrt	2-zonige Gliederung: Kapellenarkaden – Fensterzone, dazwischen betontes Gesims oder Emporenbrüstung Wand in ihrer Ganzheit betont und horizontal gegliedert Wandkontinuum wieder hergestellt
Stützenformen:	Säule, Gliederpfeiler oder rhythmischer Wechsel beider, Bündelpfeiler	»Kantonierter« Pfeiler	Runder oder polygonal gebrochener Pfeiler ohne Vorlage, z. T. mit konkav geschwungenen Seiten
oberer Raumabschluß:	6-teilige Rippengewölbe	Kreuzrippengewölbe	Flachtonnen mit Stichkappen, kupplige Kappengewölbe, Zellengewölbe; Stern- oder Netzfigurationen, Schlingrippengewölbe (Gewundene Reihung)
Konstruktion:	Gewölbe ruhen auf einzelnen Fußpunkten, Stütz- und Strebepfeiler; Emporen dienen der Ableitung des Gewölbeschubs. Im Gewölbe wirksame statische Kräfte auf die Schnittlinien der Gewölbekappen konzentriert, diese mit Rippen unterlegt Spitzbogen reduziert Seitenschub und ermöglicht Überwölbung unregelmäßiger Grundflächen bei gleicher Scheitelhöhe Umwandlung des Raummantels in ein System von Stützen und Streben wird möglich	Rippengewölbe ruhen nur auf vier Fußpunkten, Rippen erhalten z. T. konstruktive Bedeutung Voll ausgebildetes Strebesystem mit frei schwingenden Strebebögen	Rippen z. T. zu einem tragenden System verbunden, z. T. dekorativ geführt, immer von entscheidender Bedeutung für das Raumerlebnis Seitenschiffe dienen der Verstrebung des Mittelschiffsgewölbes Strebepfeiler ganz oder teilweise in die Mauer eingezogen und durch Flachkapellen und umlaufende Emporen verstrebt
Bogenformen:	Spitzbogen	Spitzbogen	gedrückter Spitzbogen, Kiel-, Korb- und Segmentbogen, Vorhangbogen
Rippen:	reichprofilierter Gurt	Birnstab	einfach oder mehrfach gekehlt
Kapitellformen:	Kelchknospenkapitell, Kelchkapitell	Kelchkapitell, Bildung von Kapitellzonen	Kapitell- und Kämpferlosigkeit

	Frühgotik	**Hochgotik**	**Spätgotik**
Frankreich	1140–1200	1200–1350	1350–gegen 1520
Deutschland	1220–1250	1250–1350	1350–1530
Ornamentik:	Akanthus, naturnahes, aber geordnetes Laubwerk Vorformen des Maßwerks	Naturnahes Laubwerk, Buckellaub Einfaches und reiches Maßwerk	Astwerk Reichstes Maßwerk, Wirbelrosetten, Fischblasenstil
Verhältnis zu anderen Künsten:	Glasmalerei Reiche Bauplastik überzieht das Äußere des Bauwerks, Hauptansatzstellen: Portale; Figuren beginnen sich aus der Bindung an Block und Mauerfläche zu lösen, Gewändefiguren Beginn der Anerkennung des Betrachters (Fassade)	Hochentwickelte Glasmalerei Überaus reiche Bauplastik am ganzen Bau, auch im Innenraum, Bildwerke gleichen sich in Entschwerung und Entmaterialisierung der Architektur an Beginn der Anerkennung des Betrachters Bildwerke werden in der Bauhütte gearbeitet und erst als fertige Stücke versetzt	Glasmalerei, zunehmende Wandmalerei Weitgehender Verzicht auf bildnerischen Schmuck am Außenbau, Konzentration der Bildwerke auf den Innenraum (Emporenbrüstungen, Innenportale) Plastik tritt aus dem architektonischen Zusammenhang heraus, Altarkunst und Andachtsbild übernehmen die Führung Völlige Trennung der Herstellung der Bildwerke vom Bau

Literaturhinweise

Literaturauswahl

Badstübner, Ernst, Kirchen der Mönche – die Baukunst der Reformorden im Mittelalter. Leipzig 1984
Bandmann, Günther, Mittelalterliche Architektur als Bedeutungsträger. Berlin 1951
Bauch, Kurt, Über die Herkunft der Gotik. Freiburger Wissenschaftliche Gesellschaft, Heft 27. Freiburg i. Br. 1933
Behling, Lottlisa, Gestalt und Geschichte des Maßwerks. Halle/S. 1944
Berndt, A., Deutsche Bürgerhäuser. Tübingen 1968
Bialostocki, Jan, Spätmittelalter und beginnende Neuzeit (Propyläen-Kunstgeschichte Bd. 7). Berlin 1972
Borger-Keweloh, Nicola, Die mittelalterlichen Dome im 19. Jahrhundert. München 1986
Braunfels, Wolfgang, Abendländische Klosterbaukunst. Köln 1969
Braunfels, Wolfgang, Die Kunst im Heiligen Römischen Reich Deutscher Nation. München 1989 (6 Bd.)
Büttner, Horst/Meißner, Günter, Bürgerhäuser in Europa. Leipzig 1980
Clasen, Karl-Heinz, Die gotische Baukunst. Potsdam-Wildpark 1930
Clasen, Karl-Heinz, Deutsche Gewölbe der Spätgotik. Berlin 1961
Clasen, Karl-Heinz, Die Baukunst an der Ostseeküste zwischen Elbe und Oder. Dresden 1955
Craemer, Ulrich, Das Hospital als Bautyp des Mittelalters. Köln 1963
Fillitz, Hermann, Das Mittelalter I (Propyläen-Kunstgeschichte Bd. 5). Berlin 1969
Frankl, Paul, The Gotic. Literary sources and interpretations through eight centuries. Princeton, N. J., 1960
Frankl, Paul, Gothic architecture. Harmondsworth 1962 (Pelican History of Art)
Gall, Ernst, Die gotische Baukunst in Frankreich und Deutschland. Teil I. Braunschweig 1955
Gerstenberg, Kurt, Deutsche Sondergotik. Berlin 1913
Geschichte der deutschen Kunst 1350–1470, hrsg. von Ernst Ullmann. Leipzig 1981
Geschichte der deutschen Kunst 1470–1550, Architektur und Plastik, hrsg. von Ernst Ullmann. Leipzig 1984
Geschichte der deutschen Kunst 1200-1350, hrsg. von Friedrich Möbius u. Helga Sciuris. Leipzig 1989
Gotische Architektur, die Kathedrale. Berlin 1988 (Ausstellungskatalog)
Grodecki, Louis, Architektur der Gotik. Stuttgart 1967 (Weltgeschichte der Architektur)
Groß, Werner, Gotik und Spätgotik. Frankfurt/M. 1969 (Epochen der Architektur)
Groß, Werner, Die abendländische Architektur um 1300. Stuttgart 1948
Jantzen, Hans, Kunst der Gotik. Hamburg 1957
Kimpel, Dieter/Sukale, Robert, Die gotische Architektur in Frankreich 1130–1270. München 1985
Krautheimer, Richard, Die Kirchen der Bettelorden in Deutschland. Köln 1925
Kunst, Hans-Joachim, Die Marienkirche in Lübeck. Die Präsenz bischöflicher Architekturformen in Bürgerkirchen. Worms 1986
Nußbaum, Norbert, Deutsche Kirchenbaukunst der Gotik – Entwicklung und Bauformen. Köln 1985 (Du Mont Dokumente)
Panofsky, Erwin, Gothic Architecture and Scholasticism. Latrobe, Pennsylvania, 1956
Die Parler und der schöne Stil 1350-1400 – Europäische Kunst unter den Luxemburgern. Ein Handbuch zur Ausstellung des Schnütgen-Museums in der Kunsthalle Köln, hrsg. von Anton Legner. Köln 1978
Pinder, Wilhelm, Die Kunst der deutschen Kaiserzeit (Vom Wesen und Werden deutscher Formen Bd. 1). Frankfurt/M. – Köln 1952
Pinder, Wilhelm, Die Kunst der ersten Bürgerzeit (Vom Wesen und Werden deutscher Formen Bd. 2). Frankfurt/M. – Köln 1952
Sedlmayr, Hans, Die Entstehung der Kathedrale. Zürich 1950
Simson, Otto von, Die gotische Kathedrale. Darmstadt 1968
Simson, Otto von, Das Mittelalter II (Propyläen-Kunstgeschichte Bd. 6). Berlin 1972
Suhr, Paul, Der Backsteingiebel des norddeutschen Bürgerhauses im Mittelalter. Berlin 1935
Ullmann, Ernst, Gotische Baukunst. Dresden 1961
Ullmann, Ernst, Die Welt der gotischen Kathedrale. Berlin 1981
Zaske, Nikolaus, Gotische Backsteinkirchen Norddeutschlands zwischen Elbe und Oder. Leipzig 1968
Zaske, Nikolaus, Die gotischen Kirchen Stralsunds und ihre Kunstwerke. Berlin 1964
Zaske, Nikolaus/Zaske, Rosemarie, Kunst in Hansestädten. Leipzig 1985

Literatur zu einzelnen Baudenkmalen
(CD = Das christliche Denkmal)

Aachen, Münster St. Maria und Salvator
Feldbusch, Hans, Der Dom zu Aachen. Berlin 1961 (CD 52/53)
Schnitzler, Hermann, Der Dom zu Aachen. Düsseldorf 1950

Altenberg, Zisterzienserkirche
Krönig, Wolfgang, Altenberg und die Baukunst der Zisterzienser. Bergisch Gladbach 1973 (Jahresgabe des Altenberger Domvereins 1973)

Amberg, St. Martin
Batzl, Heribert, Amberg, St. Martin. München 1959

Annaberg-Buchholz, Stadtkirche St. Anna
Magirius, Heinrich, Die Sankt-Annen-Kirche zu Annaberg. Berlin 1985 (CD 7/7A)

Bamberg, Dom St. Peter und Georg
Reitzenstein, Alexander von, Die Geschichte des Bamberger Domes von den Anfängen bis zu seiner Vollendung im 13. Jahrhundert. München 1984
Wintherfeld, Dethard von, Der Dom in Bamberg. Berlin 1979

Brandenburg, Pfarrkirche St. Katharina
Zaske, Nikolaus, Hinrich Brunsberg, ein ordenspreußischer Baumeister der Spätgotik, in: Baltische Studien, Neue Folge 44 (1957), S. 49–72

Braunschweig, Dom St. Blasius
Gosebruch, Martin, Der Braunschweiger Dom und seine Bildwerke. Königstein i. T. 1980

Braunschweig, Rathaus
Gruber, Karl, Das deutsche Rathaus. München 1943, S. 69 ff.

Chorin, Zisterzienserkloster
Prange, Georg, Das Kloster Chorin. Berlin 1973 (CD 4)
Schmoll, gen. Eisenwerth, Josef Adolf, Das Kloster Chorin und die askanische Architektur in der Mark Brandenburg 1260- 1320. Berlin 1961 (Veröffentlichungen der Berliner Historischen Kommission 2)

Doberan, Zisterzienserkirche
Fründt, Edith, Zisterzienserkloster Doberan. Berlin 1984 (CD 12)
Fründt, Edith, Das Kloster Doberan. Berlin 1987

Erfurt, Dom Beatae Mariae Virginis
Lehmann, Edgar/Schubert, Ernst, Dom und Severikirche zu Erfurt. Leipzig 1988
Mertens, Klaus, Der Dom zu Erfurt. Berlin 1979 CD 21/22

Erfurt, Stiftskirche St. Severi
Lehmann, Edgar/Schubert, Ernst, Dom und Severikirche zu Erfurt. Leipzig 1988
Mertens, Klaus, Die St.-Severi-Kirche zu Erfurt. Berlin 1974 (CD 27)

Erfurt, Predigerkirche
Kaiser, Gerhard, Die Predigerkirche zu Erfurt. Berlin 1980 (CD 110)
Overmann, Alfred, Die Predigerkirche. Erfurt 1928

Freiberg i. Sa., Dom Unserer Lieben Frauen
Magirius, Heinrich, Der Dom zu Freiberg. Berlin 1980 (CD 3/3A)
Magirius, Heinrich, Der Dom zu Freiberg. Leipzig 1986

Freiburg i. Br., Münster Unserer Lieben Frauen
Jantzen, Hans, Das Münster zu Freiburg. Burg b. Magdeburg 1929 (Deutsche Bauten 15)
Körte, Werner, Das Freiburger Münster. Königstein i. T. 1969

Halberstadt, Dom St. Stephan
Flemming, Johanna/Lehmann, Edgar/Schubert, Ernst, Dom und Domschatz zu Halberstadt. Berlin 1976
Frenzel, Rainer, Der Dom zu Halberstadt. Berlin 1982 (CD 74/75)

Halle/Saale, Pfarrkirche Unserer Lieben Frauen
Harksen, Sibylle, Die Marktkirche zu Halle. Berlin 1984 (CD 67)

Halle/Saale, Pfarrkirche St. Moritz
Schadendorf, Wulf, Die Moritzkirche zu Halle. Berlin 1965 (CD 43)

Köln, Dom St. Peter
Förster, Otto H., Der Dom zu Köln. Burg b. Magdeburg 1925 (Deutsche Bauten 3)
Der Kölner Dom – Festschrift zur Siebenhundertjahrfeier 1248 bis 1948. Köln 1948
Schulten, Walter, Der Dom zu Köln. Köln 1977

Köln, Stiftskirche St. Aposteln
Nußbaum, Norbert, St. Aposteln in Köln. Neuss 1985 (Rheinische Kunststätten 300)

Kriebstein, Burg
Walz, Dieter, Burg Kriebstein. Leipzig 1988 (Baudenkmale 41)

Landshut, St. Martin
  Benninghoff, Nora, Die Martinskirche in Landshut. München 1950

Leipzig, Stiftskirche St. Thomas
  Lemper, Ernst-Heinz, Die Thomaskirche zu Leipzig – die Kirche Johann Sebastian Bachs als Denkmal deutscher Baukunst. Leipzig 1954 (Forschungen zur sächsischen Kunstgeschichte 3)
  Lemper, Ernst-Heinz/Magirius, Heinrich/Schrammek, Winfried, Die Thomaskirche zu Leipzig. Berlin 1984 (CD 5/5A)

Limburg/Lahn, Stiftskirche St. Georg
  Hensler, Joseph, Der Dom zu Limburg. München 1967
  Weyres, Willy, Der Georgsdom zu Limburg. Umerg a. d. L. 1935

Lübeck, Hauptpfarrkirche St. Maria
  Hasse, Max, Die Marienkirche zu Lübeck. München 1983
  Kunst, Hans-Joachim, Die Marienkirche in Lübeck – die Präsenz bischöflicher Architekturformen in der Bürgerkirche. Worms 1986

Lübeck, Rathaus
  Rathgens, Hugo, Das Lübecker Rathaus. Berlin 1947

Magdeburg, Dom St. Moritz und Katharina
  Der Magdeburger Dom – ottonische Gründung und staufischer Neubau, hrsg. von Ernst Ullmann. Leipzig 1989
  Schubert, Ernst, Der Dom zu Magdeburg. Berlin 1984 (CD 50/51)
  Schubert, Ernst, Der Magdeburger Dom. Leipzig 1984

Marburg, St. Elisabeth
  Die Elisabethkirche – Architektur in der Geschichte: ein Handbuch zur Ausstellung des Kunsthistorischen Institutes der Philipps-Universität Marburg. Marburg 1983 (Siebenhundert Jahre Elisabethkirche in Marburg; 1)
  Hamann, Richard/Wilhelm-Kästner, Kurt, Die Elisabethkirche zu Marburg und ihre künstlerische Nachfolge. Marburg a. d. L. 1924/29

Maulbronn, Zisterzienserkloster
  Clasen, Karl-Heinz, Kloster Maulbronn. Königstein 1951

Meißen, Dom St. Johannes d. T. und Donatus
  Lehmann, Edgar/Schubert, Ernst, Der Dom zu Meißen. Berlin 1975
  Lemper, Ernst-Heinz, Der Dom zu Meißen. Berlin 1985

Meißen, Albrechtsburg
  Die Albrechtsburg zu Meißen, hrsg. von Hans-Joachim Mrusek. Leipzig 1972

Mühlhausen, Pfarrkirche St. Maria
  Badstübner, Ernst, Die Marienkirche zu Mühlhausen. Berlin 1971 (CD 49)

München, Pfarrkirche Unserer Lieben Frauen
  Pfister, Peter, Die Frauenkirche in München – Geschichte, Baugeschichte und Ausstattung. München 1983

Münster, Rathaus
  Prinz, Joseph, Das Rathaus zu Münster. Münster 1958

Naumburg, Dom St. Peter und Paul
  Jahn, Johannes, Schmuckformen des Naumburger Domes. Leipzig 1944
  Schubert, Ernst, Der Naumburger Dom. Berlin 1968
  Schubert, Ernst, Naumburg – Dom und Altstadt. Leipzig 1983
  Schubert, Ernst, Der Dom zu Naumburg – eine Führung. Berlin 1986 (CD 28/29)

Nürnberg, Frauenkirche
  Eichhorn, E., Frauenkirche Nürnberg. München 1955

Nürnberg, Pfarrkirche St. Lorenz
  Lutze, Eberhard, Die Nürnberger Pfarrkirchen Sankt Sebald und Sankt Lorenz. Berlin 1939
  Viebig, Johannes, Die Lorenzkirche in Nürnberg. Königstein 1963

Oppenheim, Stiftskirche St. Katharina
  Arens, Fritz, Die Katharinenkirche zu Oppenheim am Rhein. München 1971
  Schütz, Bernhard, Die Katharinenkirche in Oppenheim. Berlin 1982 (Beiträge zur Kunstgeschichte 17)

Pirna, Stadtkirche St. Maria
  Lemper, Ernst-Heinz, Die Stadtkirche St. Marien zu Pirna. Berlin 1966 (CD 25)

Prenzlau, Pfarrkirche St. Maria
  Müther, Hans, Die Marienkirche zu Prenzlau. Berlin 1954 (CD 14)
  Schwartz, Emil, Geschichte der St. Marienkirche zu Prenzlau. Celle 1957

Schneeberg, Stadtkirche St. Maria und Wolfgang
  Zießler, Rudolf, Die Wolfgangskirche zu Schneeberg. Berlin 1984 (CD 81)

Schwäbisch-Gmünd, Pfarrkirche Heilig-Kreuz
  Naegele, A., Die Heiligkreuzkirche in Schwäbisch-Gmünd – ihre Geschichte und Kunstschätze. Schwäbisch-Gmünd 1925
  Schmitt, O., Das Heiligkreuzmünster in Schwäbisch-Gmünd. Stuttgart 1951

Schwerin, Dom St. Maria und Johannes
  Lorenz, Adolf Friedrich, Der Dom zu Schwerin. Berlin 1981 (CD 9)

Soest, Pfarrkirche St. Maria zur Wiese
  Kornfeld, Hans, Die Wiesenkirche zu Soest, eine stilgeschichtliche Untersuchung. Soest 1931

Stralsund, Pfarrkirche St. Maria
  Zaske, Nikolaus, Die St.-Marien-Kirche zu Stralsund. Berlin 1984 (CD 121)

Stralsund, Rathaus und Marktkirche St. Nikolaus
  Fründt, Edith, Die Nikolaikirche zu Stralsund. Berlin 1972 (CD 59)

Tangermünde, Rathaus
  Kohlmann, Joachim-Albrecht, Das Rathaus zu Tangermünde – ein Meisterwerk deutscher Backsteingotik. Tangermünde 1955

Trier, Liebfrauenkirche
  Borger-Keweloh, Nicola, Die Liebfrauenkirche in Trier, Studien zur Baugeschichte. Trier 1986 (Trierer Zeitschrift für Geschichte und Kunst des Trierer Landes und seiner Nachbargebiete, Beiheft 8)

Ulm, Münster Unserer Lieben Frauen
  600 Jahre Ulmer Münster, Festschrift, hrsg. von Hans Eugen Specker und Reinhard Wortmann. Stuttgart 1984 (Forschungen zur Geschichte der Stadt Ulm, 19)

Wernigerode, Rathaus
  Walz, Josef, Das Rathaus zu Wernigerode. Leipzig 1967 (Baudenkmale 19)

Xanten, Stiftskirche St. Viktor
  Die Stiftskirche des hl. Viktor zu Xanten, hrsg. von Walter Bader. Kevelaer 1958

Zwickau, Stadtkirche St. Maria
  Baier, Helga, Der Dom St. Marien zu Zwickau. Berlin 1989 (CD 104)

Ortsregister

Aachen 39, 87, *88, 89*, 124
Ahrweiler 82
Altenberg 64, *64, 65*, 76
Amberg 99 f., *100*
Amiens 16, 22, *25*, 31, 46, 52, 55
Annaberg-Buchholz *108*, 108 ff., *109*, 113 f., 115
Arnstadt 41

Bamberg 33, 41, *42*, 43, 59
Basel 122
Beauvais 16, 31
Bebenhausen 76
Bern 88, 133
Bourges 16
Braisne 49
Brandenburg 97 ff., *98, 99*, 103, 128
Braunschweig 127, 128, *129*, 131
Breslau 122
Brüx 110 f., 113

Caen *26, 27*
Cambrai 16
Châlon-sur-Marne 16
Chartres 16, 22, 25, *28*, 30, 49
Chemnitz 113 f.
Chorin 67, *67*, 82

Dinkelsbühl 124
Doberan 70, *71, 72*, 76
Dresden 131

Ebrach 41, 60
Edgehill 8
Eltz 117, *118*, 119
Erfurt 64, 76, *77*, 78, 80

Frankfurt am Main 122, 124
Freiberg 106, *106, 107*, 108
Freiburg i. Br. 64 f., *64, 66*, 79

Görlitz 131
Goslar 131
Greifswald 80, 82, 98, 99, *130*

Halberstadt 41, 55, 59 f., *61*, 124
Halle/Saale 91, *92, 93*, 113, *114*, 116, *135*
Heisterbach *34*, 36
Hildesheim *127*
Höfchen s. Kriebstein

Kaub 118
Kleve 82
Köln 10, *11, 12*, 34, *34*, 49, 50, *50*, 51 ff., *51, 52, 53, 54*, 59, 64, 88, 124, 133
Kriebstein 118, *118*
Kuttenberg 113

Landshut 93, *93*, 94, *94, 95*, 99
Laon 16, 19, 22, *23*, 33, 36, 43, *134*
Laun 113
Le Mans 16
Lehnin 67, 77
Leipzig 113
Limburg a. d. Lahn *35*, 36, *36*
Lincoln 77
London 8, *9*

Lübeck 67 ff., *68, 69*, 70, *70*, 94, 96, 122, 124, *124*, 125, *126, 127*, 128, 129, 130, 131

Magdeburg 36, *37, 38*, 39, *39*, 41 f., 43, 55, 59, *59*, 60, 75, *76*, 79
Mailand 8, 9, *10*
Mainz 46, 59
Marburg *44*, 46, 48, *48*, 49
Maulbronn 37, *40*, 41, *41*, 60, 76
Mayen 82
Meißen 11, *13, 14*, 51, 55, 60 f., *62*, 64, 110, 113 f., 115, 119, *120, 121*
Metz 46
Mühlhausen 41, 80, 82
München 101
Münster 80, *125*, 126

Naumburg 33, 43 ff., *43, 44, 45*, 50, 60, 64
Neubrandenburg 99, 125
Neuötting 94
Noyon 16, 22, *22*, 36, 46
Nürnberg 41, 80, 86 f., 101, *101, 102, 103*, 124

Oberollendorf s. Heisterbach
Oppenheim 51, *78*, 80

Paris 18, 22, *24*, 31, 115
Pelplin 76
Pirna 110, *112*, 113
Pontigny 76
Potsdam 8, *8*
Prag 71 ff., *73, 74*, 82, 88, 91, 110, 113
Prenzlau *81*, 82, 98, 99

Regensburg 55, *63*, 64
Reims 16, 22, *29*, 46, 48, 49, 60, *134*
Rostock 70, 94, 125
Rothenburg ob der Tauber 124

Saint-Denis 18, *21*, 22
Saint-Quentin 16
Salzburg 94
Schneeberg 113 f., *113*
Schwäbisch Gmünd 75, 82, *84, 85*, 86 f., 93, 101
Schwerin 55, 70, *70*, 98
Senlis 16, 22
Sens 16, *20, 21*, 22
Soest *79*, 80
Stargard 98
Stendal 99, 103, *103, 104*, 122, 125, *131*
Stralsund 70, 94 f., *96, 97*, 125, 128 f., *128*
Straßburg 6, 7, 8, 10, *17*, 19, 55 ff., *55, 56, 57, 58*, 59, 64 f., 94, 133
Straubing 94
Strawberry Hill 8

Tangermünde 97, 98, 99, *123*, 124, 125, 128, *129*
Torgau 121
Trier 10, 48 f., *48*, 87

Ulm 11, 57, 88 f., *90, 91*, 124

Walkenried 37, 60
Wasserburg am Inn 94
Wien 133
Wismar 70, 94, 131

Xanten 87, *87*

Zwettl 86
Zwickau 103, *105*, 106, *106*

Abbildungsnachweis

Archiv für Kunst und Geschichte, Berlin 17
Aufsberg, Lala, Sonthofen/Allgäu 63, 90, 102, 125 o.
Barth, Matthias, Berlin 123
Beyer, Constantin, Weimar 59, 76 u.
Beyer, Günther, Weimar 101, 129 u.
Beyer, Klaus G., Weimar 8, 14, 30, 31 u., 38, 39, 44, 61, 62, 72, 76 o., 81, 91, 97 o., 98 o., 103 o., 104, 105, 107, 109, 111, 118 u., 121, 122, 135
Bibliothèque Nationale, Service Photographique, Paris 19
Bildarchiv Foto Marburg 21, 22, 27, 31 o., 41 u., 46, 47, 56, 57, 79, 85, 95, 100 o., 127 u.
Birnbaum, Otfried, Halle/S. 77, 92, 93 o., 114
Brandenburgisches Landesamt für Denkmalpflege, Meßbildstelle, Berlin 13, 34 o., 65, 128
Brüx, Inge, Leipzig 32
Castelli, Wilh., Lübeck 68 o., 69, 124, 126, 127 o.
Freikowski, Karlheinz, Freiburg i. Br. 67 u.
Frewel, Ulrich, Potsdam 70 o., 71, 98 u., 106 u.
Garbe, P., Berlin 67 o., 131
Gemünd, H., Aachen 88, 89
Kühnel, Heinz, Halle 40, 50, 51, 108
Museum für Kunst und Kulturgeschichte der Hansestadt Lübeck 70
Neumeister, Werner, München 74
Paditz, Helga, Leipzig 37, 48, 68, 80, 84, 97, 99, 100, 103, 119
PGH Foto-Zentrum, Leipzig 6, 28
Photographischer Kunstverlag G. Röpcke, Freiburg i. Br. 66
Rheinisches Bildarchiv, Köln 12
Sächsische Landesbibliothek, Dresden, Deutsche Fotothek 23, 34 u., 35, 41 o., 43, 53, 73, 84 o., 94, 96, 106 o., 112, 113, 129 o.
Sandig, Christoph, Leipzig 36
Schmidt-Glassner, Helga, Stuttgart 52, 64, 78
Schütze-Rodemann, Sigrid, Halle/S. 45
Verlagsarchiv 9, 10, 11, 20, 24, 25, 26, 29, 42, 54, 55, 58, 87, 93, 120, 134, 135
Westfälisches Landesamt für Denkmalpflege, Münster 125

1. Auflage 1994
Schutzumschlag und Einband: Dietmar Kunz, Leipzig
Typografie und Layout: Bernhard Dietze, Leipzig
Reproduktionen: Reprocolor GmbH Leipzig
Satz, Druck und Binden: Offizin Andersen Nexö Leipzig GmbH
Printed in Germany